미국문화의 이해

Understanding of American culture

대표저자 박 양 근
저자 정 혜 욱

PUKYONG NATIONAL UNIVERSITY PRESS
부경대학교 출판부

미국 문화의 이해

2013년 2월 28일 초판1쇄발행
2018년 3월 15일 초판2쇄발행

대표저자 | 박 양 근
저　자 | 정 혜 욱
발행인 | 김 영 섭
발행처 | 부경대학교 출판부
주　소 | 부산광역시 남구 대연3동 599-1
전　화 | (051) 629-6914
F A X | (051) 629-6917
E-Mail | upress@pknu.ac.kr

값 12,000원

ISBN 978-89-91131-81-1 93940

저자 서문

오늘날 미국연구에 대한 관심은 참으로 다채롭고 광범위하다. 21세기를 맞이하면서 지구화(Globalization)가 가속화되는 가운데 지구 상의 많은 대학에서 미국학에 대한 연구가 활발하게 이루어지고 있다. 우리나라에서도 최근 미국학 강좌가 연이어 개설되고 미국학과가 증설되는 등 미국에 대한 관심이 날로 증가하고 있다. 이러한 추세는 필연적으로 미국에 대한 포괄적인 지식과 교양을 제공해줄 수 있는 자료와 교재를 필요로 한다.

요즘처럼 미국과 미국인의 모습에 대한 객관적인 이해라는 과제가 우리에게 주어진 시기는 없다. 한미관계는 한국의 근대사와 현대사에서 가장 중요한 기능을 수행하여 왔다. 더욱이 외교통상을 포함한 각 분야에서 인적 물적 교류가 빈번해지는 가운데 파생되는 제반 문제를 해결할 필요성이 더욱 증대할 것이 예상된다. 필자는 다년간 대학에서 미국의 이해라는 강의를 통하여 미국학을 소개하면서 이러한 현실에 도움이 될 교재의 필요성을 절감하여 각종 자료를 토대로 한 권의 책으로 편찬하게 되었다.

『미국문화의 이해』는 국제적 요구와 교양적인 요청에 부응하기 위하여 미국인과 미국사회에 대한 기초적이면서 핵심적인 내용과 분야를 망라하고 있다. 본 저서는 우선 미국의 역사적 성장에 토대가 된 미국인의 정체성과 역사를 소개하고 자연환경과 각 지역의 다양한 특성을 설명한다. 뿐만 아니라 미국의 헌법, 정부조직과 외교정책, 자본주의 모형으로서 미국경제의 발전과정과 특성, 실용주의적인 과학의 발전과 인류에 대한 미국과학의 공헌을 기술하고 더불어 예술, 문화, 문학을 분야별로 언급하였다. 또한, 다양성과 이원성을 특성으로 하는 미국인의 생활상을 다방면으로 소개하면서 유학, 비즈니스, 이민 등으로 상당 기간 미국에 체류하는 동안 실질적으로 부딪치는 문제를 해결하는 데 도움이 될 생활안내도 덧붙였다.

끝으로 본서를 출판함에 다소의 미비한 점은 추후 개정판을 통하여 보완할 것을 약속드린다. 덧붙여 이 책에 "The Values U. S. American Live By"를 게재하도록 허락해주신 Walter Leonard 소장에게 감사를 드리며 이 책을 교정해준 부경대학교 영어영문학부 객원교수인 Dennis Feeheley 에게도 감사를 드린다. 끝으로 미국을 이해하거나 미국학을 공부하고자 하는 분에게 본 저가 많은 도움이 되기를 빌며 서슴없는 조언이 있기를 기대한다.

2013년 2월

대표저자 박 양 근

목 차

1. 미국인의 가치와 태도

개요

미국인들이 영위하는 일상생활의 바탕이라고 할 가치관이 무엇인가를 명확하게 정의하고 제시하는 일은 쉽지가 않다. 미국인들조차 그 문제에 대하여 깊게 생각해본 적이 없다. 미국인들은 자신들의 가치관에 대해 생각한다 하더라도 그 가치관을 열거한 공통의 목록을 작성하기가 어렵다. 달리 말하면 미국인 개개인의 개성은 너무나 독특하고 다양하다는 의미이다.

미국인들은 실제보다 자신들이 더 다양하고 예측하기 어려운 존재라고 생각한다. 각자는 "내 개인적으로 내 삶의 지표가 될 가치관을 선택한다(I personally chose which values I want to live my own life by)" 라는 믿음을 지니고 있으며 이러한 믿음을 자랑스럽게 여긴다.

인류학자들은 미국인들을 관찰하면서 다수의 미국인에게 적용될 수 있는 가치척도를 고안하였다. 목록에 열거된 미국인들의 가치관은 다른 나라 국민의 가치관과 상당한 차이가 있다. 만일 우리가 외국인으로서 미국을 방문하여 그들의 행동양식을 살펴보면 미국인들의 95%가 제시된 가치관을 토대로 행동하고 있음을 알게 된다. 그리고 이러한 행동은 외국인 자신들의 가치척도에서 볼 때 이상하고 믿을 수 없고 혼란스러운 경우가 많다.

특정 국민이나 특정 문화권이 보여주는 다양한 행동은 그들의 근본적인 신념, 가치관, 행동지침을 보면 이해된다. 만일 그들과 생활하면서 이해하기 어려운 행동이나 언사를 대하게 되면 그들의 가치관이 외부로 표현된 것으로 볼 수 있다.

예를 들면 우리가 미국인들에게 목적지의 방향을 물을 때 그들은 어떻게 도달하는지를 상세하게 설명을 해주지만 직접 함께 가서 안내해 주지는 않는다. 외국방문객은 이러한 행동을 미국인들이 불친절하다고 해석할 수 있으나 실은 그들의 행동양식은 성인이면 타인에게 의존하지 않아야 한다는 "자주정신"(self-help concept)으로 인정할 필요가 있다.

미국인의 가치관을 지적할 때 그들의 행동양식을 양면의 가치성으로 이해할 필요가 있다. 예를 들면 제3세계 사람들은 "변화"(change)를 부정적으로 또는 위험한 것으로 간주하나 미국인들에게 변화는 발전이고 진보로 여겨진다. 하지만, 미국인들의 13가지 가치관이 모두 긍정적이고 모범적이거나 모두가 부정적이고 바람직하지 않은 것으로 여길 수는 없다.

미국인의 가치관을 맹목적으로 습득하겠다는 생각은 바람직하지 않다. 각각의 경험과 문화적 정체성에 따라 미국인이 지닌 가치관의 긍정적, 부정적 요소를 고려하여 이해하고 수용할 필요가 있다.

1 인간은 환경을 지배할 수 있다

미국인들은 운명의 힘을 믿지 않는다. 그들은 운명에 지나치게 의존하는 사람들을 무기력하거나 과거지향적이고 천진한 사람으로 간주한다. 미국에서 "저 사람은 운명론자야"라는 말을 듣는 사람은 미신적이고 게으르며 운명을 개척하거나 자신의 삶에서 주도권을 쥘 수 없는 무능한 사람으로 간주된다.

미국인은 환경이 우리에게 영향을 미칠 수는 있지만, 인간이라면 적대적인 환경에 직면해서도 좌절하지 않고, 운명을 개척하는 것이 당연하다고 믿는다. 살면서 생겨나는 문제가 언제나 불운 때문인 것은 아니다. 나태함이나 현실에 안주하거나 변화를 두려워하는 자세, 혹은 매너리즘에 빠진 것도 그 이유 중의 하나가 될 수 있다.

대부분의 미국인은 인간의 의지를 넘어서서 통제할 수 없는 어떤 힘이 있다는 것을 받아들이지 않는다. 바로 이러한 한계를 넘어서고자 하는 의지가 달 상륙을 가능하게 하기도 했다. 이렇게 미국인들은 때로는 많은 희생이 따르더라도 도전을 즐긴다. 그러나 모든 세계인이 이러한 미국인의 자세에 동의하는 것은 아니다.

2 변화

미국인에게 변화는 대단히 중요하다. 발전, 개선, 진보, 성장을 위해서 변화는 불가피하다. 그러나 다른 문화권에서 사는 사람들은 전통을 고수하기를 원하고 변화를 파괴적이거나 전복적인 힘으로 간주하거나 변화를 두려워하기도 한다. 그들은 변화 대신 안정을 원하고 전통을 고수하고 고대의 풍부한 유산을 계승하기를 원한다. 하지만, 미국인들은 이러한 태도를 좋아하지 않는다.

"할 수 있다"는 정신과 "변화는 좋은 것이다"라는 믿음이 함께 어우러져 근면한 노동과 언제나 최선을 다하고, 결과에 책임을 지는 적극적인 자세도 생겨났다. 물론 변화가 언제나 능사이고, 어떤 경우에도 "할 수 있다"는 자세로 밀어붙이는 것이 반드시 옳은가에 대해서는 논쟁의 여지가 있다. 그러나 수동적이기보다는 능동적이고 운명에 순종하기보다는 운명을 개척하고자 하는 미국인의 삶의 자세가 오늘날의 미국을 만들었다고 해도 과언은 아니다.

3 시간의식

미국인의 시간관념은 명확하다. 이미 정해진 스케줄에 따라서 정확히 시간에 맞춰서 일을 해내는 것이 인간관계를 맺는 것보다 훨씬 더 중요하다. 미국인들은 스케줄을 주의 깊게, 그리고 아주 구체적으로 짜고, 그에 따라서 일을 수행한다. 그래서 외국인들이 보기에는 미국인들이 정확히 시간이 되면 회의를 중단하고 다음 약속으로 이동하는 것이 이상해 보일 수도 있다. 그래서 미국인의 언어에는 시간과 관련된 표현들이 무척 많다. 예를 들면 "Be on time"(제시간에 와라) Time is something to be kept(시간은 지켜져야 하는 것), "part-time job" "full-time job" 등 외에도 "filled," "saved," "used," "spent," "wasted," "lost," "gained," "planned," "given," "made the most of," "killed" 등 시간과 관련된 표현은 수없이 많다.

Time is money

단 10분이라도 늦는 것은 미국에서 예의에 어긋난다. 불가피하게 늦을 때는 반드시 먼저 전화를 하고 기다려달라고 요청하거나 양해를 구하는 것이 좋다. 미국인들은 시간이 무척 중요하고 시간을 가치 있게 여긴다. 상대방에게 기다리는 데 시간을 낭비하게 하는 것은 대단히 실례이다. “Time is money”(시간은 돈이다), “Time and tide wait for no men”(세월은 사람을 기다리지 않는다), “Today comes only one and never again returns”(오늘은 오직 한 번만 오고 다시는 돌아오지 않는다), “Those that make the best use of their time have none to spare”(시간을 최대한 잘 이용하는 사람은 절대로 시간을 낭비하지 않는다), “One cannot put back the clock”(시계를 되돌릴 수는 없다), “Procrastination is the thief of time”(지연은 시간의 도둑이다) 등의 영어 속담이 이를 반증한다.

4 평등과 평등주의

평등 역시 미국인에게 소중한 가치다. 성경 말씀에도 있듯이 "인간은 모두 평등하게 창조되었다." 대부분의 미국인은 하나님에게 지능이나, 신체적 조건, 경제적 위치에 상관없이 모든 인간은 평등하다고 믿는다. 이것은 단순히 성경 속에만 있는 말씀이 아니다. 그들은 성경 말씀을 단순히 이상이 아니라 현실적인 것으로 이해한다. 그들에게 모든 사람에게 (성공할 수 있는) 기회는 평등하다고 믿는다. 미국에서 평등은 시민 사회의 목적이자 목표다. 모든 인간은 신 앞에서 평등하게 창조되었기 때문에 남녀, 어른, 아이 똑같이 심지어 동물까지도 존재의 존엄성을 인정받아야 한다고 생각한다. 그래서 이런 관념에 어긋날 때 우리가 종종 들을 수 있는 표현이 "It's not fair"와 같은 표현이다.

하지만, 외국 방문객에게 이 개념은 낯설어 보일 수도 있다. 고귀한 집안의 혈통, 출생, 계급, 혹은 더 나은 사회 경제적인 위치를 중요하게 생각하는 문화도 있다. 그러나 미국에서 이것은 별 의미가 없다. 미국에서는 만일 자신이 외국의 귀빈이면 레스토랑이나 쇼핑장소에 갔을 때 일반 사람들과 똑같이 대접받는 것을 불쾌하게 여기는 경우가 있을 수 있다. 미국인들은 사회적, 경제적 위치에 따라서 다르게 행동하지 않는다. 고위공직자라고 해서 특별대접을 해주지 않는다. 따라서 미국 사회에 적응하려면 이러한 미국 문화에 익숙해 질 필요가 있다.

5 개인주의와 프라이버시

개인주의는 르네상스(15세기 후반) 이후로 서구 세계에서 생겨난 개념이지만, 20세기 미국 사회만큼 개인주의가 발달한 곳을 찾기는 어렵다. 미국에서 개인 한명 한명은 여러 사람 중의 하나가 아니라, 모두 독특하고, 각자의 개성이 있으며, 소중하다.

미국인들은 이러한 개인주의에 근거하여 그들이 생각하고 행동한다고 믿는다. 그들은 어떤 동질적 집단에 속한다는 관념을 거부하지만 어떤 단체에 가입할 수도 있고, 동아리 활동을 할 수도 있다. 정당이 같다고 해서 같은 동아리에 활동한다고 해도 그들은 그들 사이의 유사점보다는 차이점에 주목한다. 그리고 동아리에 쉽게 가입하는 만큼 탈퇴도 쉽게 한다.

프라이버시는 개인주의의 궁극적인 결과물이지만, 미국문화에 익숙하지 않는 사람들이 가장 이해하기 어려운 말이다. 사실 미국 이외의 지역에서 "프라이버시"라는 단어가 아예 존재하지 않는 곳이 많고, 설사 있다고 해도 공동체로 부터 소외당한다거나 동떨어져 있다는 부정적 뉘앙스를 띠는 경우가 많다. 그러나 미국인들에게 프라이버시는 긍정적인 의미인 동시에 필요하고 바람직한 것으로 반드시 존중되어야 하는 가치이다. 그래서 미국인들이 "If I don't have at least half an hour a day to myself, I will go stark raving mad!"라고 말하는 것을 듣는 것은 전혀 이상하지 않다. 이외에도 "It's none of your business," "Mind your own business" 등은 프라이버시가 침해당한다고 느낄 때 주로 쓰는 표현이다.

개인주의는 특히 미국에서 다양한 의견을 지닐 수 있다는 표현의 자유와 연결된다. 그러나 개인이 다양하게 자신의 의견을 표현할 수 있음에도, 대부분의 미국인은 민주당이나 공화당이라는 두 거대 정당에 투표한다. 이것은 실제 그들이 누리는 자유보다 더 많은 자유를 누리고 있다고 미국인들이 생각하고 있다는 것을 나타낸다.

6 자조정신

미국에서는 다른 사람의 도움이 없이 스스로의 힘으로 무엇인가를 성취해낸 것을 높이 평가한다. 미국인들은 부자집에서 태어난 것에 별 의미를 두지 않는다. 좋은 집안에서 태어났건 비천한 집안 태생이건 그것은 미국인에게 우연한 사건일 뿐이다. 이를 미국인들은 "an accident of birth"라고 부른다. 미국인들은 가난하게 태어나더라도 스스로 열심히 노력해서 성공의 계단을 한 계단 한 계단 밟아 올라간 사람들을 자랑스럽게 생각한다. 물론 미국의 사회 체계는 모든 미국인에게 자수성가의 기회를 제공해준다.

영어사전을 뒤져서 "self"가 접두사로 들어간 말을 한번 찾아보자. 여러분들이 그냥 책상 위에 두고 쓰는 일반 사전에도 최소 100개 이상의 어휘가 등록되어 있을 것이다. self-awareness(자각), "self-confidence"(자신감), self-conscious(자의식), self-control(자제), self-criticism(자아비판), self-deception(자기기만), self-defense(자기방어, 자위), self-determination(자기결정, 자결), self-discipline

(자기훈련), self-evident(자명한), self-esteem(자존), self-expression (자기표현), self-help(자조), self-importance, self-improvement(자기개선), self-interest(이기심), self-reliance(자기신뢰), self-respect (자존), self-sacrifice(자기희생), self-satisfaction(자기만족), self-sufficiency (자급자족) 등 대단히 많다. 그러나 자아가 이렇게 많이 사용되는 다른 언어를 찾기는 쉽지 않을 것이다. 이러한 목록은 미국인들이 모든 일의 수행에서 자아를 얼마나 소중히 여기는지를 알 수 있게 해주는 단어다. 그래서 자수성가 "self-made"는 21세기 미국에서도 여전히 가장 가치 있는 덕목이다.

7 경쟁과 자유기업

미국인들은 개인이 가능한 최상의 결과를 산출하는 데 경쟁이 필수적이라고 믿는다. 그래서 그들은 아주 어렸을 때부터 미국의 가정에서뿐만 아니라 학교 교실에서도 경쟁을 붙인다.

당신이 경쟁보다는 협동을 중시하는 사회에서 자랐다면, 경쟁을 부정적으로 생각할 수도 있다. 그러나 제3세계에서 교육을 담당하는 많은 미국의 평화봉사단의 자원봉사자들은 학생들이 교실에서 경쟁심이 없는 것이 문제라고 지적한다. 그러나 그들이 보편적인 인간의 특징이라고 생각했던 경쟁심이 사실은 미국과 서구의 특수한 가치일 뿐일 수도 있다.

경제와 관련해서 경쟁을 중시하는 미국인들은 자유기업(free

enterprise) 체계를 고안했다. 미국인들은 고도로 경쟁적인 경제가 최상의 결과를 산출하고, 경쟁을 촉진하는 사회가 가장 빨리 성장한다고 느낀다. 미국 사회를 자세히 살피면 살필수록 의학, 예술, 교육, 스포츠 등 경제가 아닌 모든 다른 분야에서도 자유경쟁이 선호된다는 것을 알 수 있을 것이다.

8 미래지향적 태도

미래와 미래가 가져올 수 있는 발전에 가치를 두는 미국인들은 과거에 별 의미를 두지 않고 현재를 의식하지 않는다는 것을 의미할 수 있다. 현재가 아무리 행복하다고 해도 그들은 현재에는 대개 주목하지 않는다. 전통적으로 미국인들은 미래가 더 큰 행복을 가져온다는 믿음을 품고 있다. 그래서 그들은 더 나은 미래를 위해 거의 모든 에너지를 쏟아붓는다. 현재의 조건은 기껏해야 더욱 가치 있는 미래의 더 크고 중요한 사건을 예비하는 것으로 간주된다.

미국인들은 운명이 아니라 인간이 환경을 지배한다고 믿으므로 단기 프로젝트를 계획을 세워서 실행하는 데 아주 능숙하다. 즉, 분명한 목적에 따라서 계획을 세워서 때로는 기적적인 성과를 산출하는 미국인의 능력은 세계의 모든 곳에서 환영받는다.

만일 당신이 전통적인 이슬람 문화권 출신이라면, 미래의 계획을 세우고 미래를 논의하는 것이 쓸모없고 때로는 신을 모독하는 행위가 될 수도 있기 때문에 이런 미국인의 특성은 철학적 문제를 야기할 수도 있고 종교적인 반대에 부딪힐 수도 있다. 그러나 미국인들과 더불어 생활하려면 미래 지향적인 미국인의 태도를 배워야 할 필요가 있다. 그러나 이런 미국인의 특성에 대해서 너무 철학적으로 생각할 필요는 없다.

9 행동과 노동의식

"가만히 있지 말고 무엇인가를 하라!"(Don't just stand there. Do something!)고 미국인들은 친구들에게 충고한다. 이 표현은 주로 위기 상황에서 미국인들이 많이 사용하는 표현으로 여기에는 행동과 실천을 강조하는 미국인들의 태도가 잘 나타나 있다.

일상적으로 미국인들은 대단히 능동적으로 계획을 세우고 스케줄을 짠다. 미국인들은 휴식도 계획한다. 그들에게 휴식이란 열심히 생산적으로 일하기 위한 재창조이다. 미국인들은 여가 활동을 삶의 일부분으로 간주한다. 시간을 낭비하거나 가만히 앉아서 아무것도 하지 않는 것은 죄를 짓는 것이며, 실천하지 않는 꿈은 한낱 백일몽일 뿐이다. 그래서 그들은 "노력의 대가는 이유없이 사라지지 않는다"(The payoff of efforts

Work is my double life

never disappear without redemption)고 믿는다.

"의미 없는 삶을 용인하지 않는 태도"("no-nonsense" attitude)는 많은 일 중독자를 양산한다. 이들은 심지어 퇴근하고 난 다음이나 주말에도 일만 생각하고 일이 없을 때는 좌절감을 느낀다. 일중독 증후군은 미국인들로 하여금 자기 자신을 직장과 동일시하게 만든다. 그래서 처음 만난 사람에게 미국인이 제일 먼저 던지는 질문이 "무슨 일을 하십니까?"("What do you do?," "Where do you work?," or "Who(what company) are you with?")이다. 그래서 이런 사람들은 휴가를 떠날 때도 아주 심사숙고한다.

미국은 "인간노동의 숭고함," 특히 육체노동의 숭고함을 외치는 것이 합리적으로 여겨지는 몇 안 되는 나라 중의 하나다. 미국에서는 대기업 회장도 때때로 육체노동을 하고, 사람들은 그에게 존경을 표한다.

10 비격식성

예의범절을 중시하는 사회 출신이라면 미국인들이 예의 없고, 심지어는 어른이나 윗사람을 공경하지 않는다고 느낄 수도 있다. 미국인들은 세계에서 가장 격식이 없고 자유로운 나라 중의 하나이다. 심지어 미국과 가장 가까운 유럽과 비교해서도 그렇다.

하나의 예로서 미국인 사장은 직원들에게 이름(first name)으로 불리기를 원하고 심지어 "Mr."나 "Mrs."를 붙이거나 직함으로 불리면 불편해 한다. 옷을 입는 방식 역시 미국의 격식 없는 문화가 잘 드러나는 또 다른 예이다. 대도시에서 개최되는 교향악 연주에 갈 때도 일부의 청중들은 넥타이를 매지 않고 청바지에 짧은 소매 셔츠를 입는다. 또 다른 예가 인사를 할 때이다. 격식을 갖춘 인사는 "How are you?"이지만 많은 사람은 격식 없이 그냥 "Hi."라고 말한다. 웃어른에게 하는 인사와 가장 친한 친구에게 하는 인사법이 다르지 않다.

격식을 중시하는 사회에서 높은 지위에 있던 사람이라면, 미국인들의 이러한 격의 없는 태도에 적응하기 어려울 수도 있다. 하지만, 미국인들은 이러한 자신들의 태도를 자랑으로 여긴다. 이것은 평등의 표식일 수도 있다. 따라서 이를 모욕으로 받아들이지 말아야 한다.

11 정직과 솔직함

많은 다른 문화권에서 불쾌한 소식을 전할 때 대단히 조심스럽고, 때로는 의례적인 방식(ritualistic ways)을 취한다. 그러나 미국인들은 에둘러 말하기보다는 직접적인 전달을 언제나 더 선호한다. 부정적인 평가를 할 때도 대단히 솔직하다. 나쁜 소식이나 부정적인 평가를 전할 때 간접적으로 에둘러 말하는 데 익숙한 사람이라면, 미국인들의 이런 솔직성에 충격을 느낄 수도 있다.

그러나 미국인들의 솔직한 태도가 당신의 체면을 손상하기 위한 것이 아니라는 것을 명심할 필요가 있다. 미국에서 나쁜 소식에 대처하는 것은 개인 자신의 몫이며 전달자의 몫이 아니다. 당신이 미국 사회에 적응하기를 원한다면, 이런 미국인의 직접적인 태도에 익숙해져야 한다. 미국인들은 외국인 친구들에게 더욱 직접적이고 보다 솔직해지기를 요구한다. 1970년대 후반부터 나타나기 시작한 자기주장을 효과적으로 펼칠 수 있도록 만들어진 교육프로그램도 이러한 특성을 반영한다.

직접적이고 솔직하게 말하지 않으면 미국인들은 그것을 정직하지 않고 성실하지 않은 태도라고 생각하고 그 사람을 신뢰하지 않을 수도 있다. 그래서 에둘러 말하기보다는 솔직하게 직접적으로 말하는 것이 좋다.

12 실용성과 효율성

미국인들은 아주 현실적이고 실용적이며 효율적인 사람들로 알려져 있다. 실용적인 사고는 미국에서 중요한 결정을 내릴 때 대단히 중요하다. 미국인들은 철학적이거나 이론적인 것만을 중시하기보다는 실용적인 태도를 자랑스럽게 여긴다. 사실 미국인에게 철학이란 바로 이러한 실용주의이다.

"그것으로 돈을 벌 수 있어요?"(Will it make any money?) 수지가 맞나요?(Will it "pay its own way?") "이 일로 얼마나 벌 수 있어요?"(What can I gain from this activity?) 이런 것들이 미국인들이

실용적인 경향이 있다는 것을 알려주는 질문들이다. 이러한 질문들은 확실히 일상생활에서 "이것이 미학적으로 가치가 있나요?" "즐길만한 것인가요?" "그 일의 대의명분을 보다 발전시킬 수 있나요?"와 같은 것보다 훨씬 더 많이 쓰인다.

미국인의 실천적이고 실용적인 태도는 전 세계에서 가장 많은 발명품을 만들어내게 된 이유이기도 하다. "실용성"에 대한 사랑은 미국인들에게 특정한 직업군을 더 선호하게 된다. 경제 경영 분야는 철학이나 인류학보다 훨씬 더 인기가 있으며, 법학과 의학이 예술보다 훨씬 더 인기가 많다.

실용적인 것을 선호하는 것은 정서적이고 주관적인 평가를 과소평가하고 이성적이고 객관적인 평가를 더 선호한다는 점에서도 드러난다. 미국인들은 결정을 내릴 때도 감정적인 것을 피하고자 한다. 그들은 모든 상황을 장점과 단점에 의해서 판단한다. 많은 미국인은 가장 좋은 해결책은 오로지 시행착오의 과정에서 발견될 수 있다고 믿는다는 점 역시 그들이 실용적이라는 사실을 반영한다. 미국인에게 실용주의란 주어진 문제에 대해 가능한 몇 개의 해결책을 나열하고 그것을 하나씩 시험해보고 나서 어느 것이 가장 효과적인지를 알아보는 것이다.

13 물질주의와 소유욕

외국인들은 일반적으로 미국인들이 대단히 물질적이라고 생각한다. 그러나 미국인들의 생각은 조금 다르다. 미국인들은 물질적인 것을 진지하고 근면한 노동을 통해서만 얻을 수 있다고 생각하는 경향이 있다. 즉 그들에게 물질적 부는 성실하고 지난한 노력을 통해서 얻는 일종의 보상이다.

그러나 미국인들의 생활이 물질적인 것은 사실이다. 미국인들은 다른 어떤 민족보다도 재산이나 부를 축적하고 모으는 것에 가치를 둔다. 이것은 인간관계를 증진하고 돈독하게 하기보다는 물질적 대상을 획득하고 유지하고 보호하는데 훨씬 더 중점을 둔다는 것을 의미한다.

미국인들은 새로운 것과 혁신적인 것을 가치롭게 여기기 때문에, 그들은 종종 그들의 소유물을 팔거나 폐기하고 새로운 것으로 대체한다. 미국인들이 차를 보유하는 기간은 3-4년 정도이며, 집을 보유하는 기간은 5-6년 정도에 불과하다.

요약

이제 우리는 미국인들의 열세 가지 가치를 각각 살펴보았다. 좀 지나치게 단순한 감이 있지만, 이를 목록으로 만들어서, 그것을 상반되는 가치를 지닌 다른 나라와 비교를 해보자. 왼쪽 부분은 미국인들이 숭상하는 가치이며, 오른쪽 부분은 미국이 아닌 다른 가치를 지닌 문화권에서 숭상하는 가치이다.

VALUES CONTINUUM

by Robert Kohls, Meridian International Center

Time and its control (punctuality, keeping schedules)	〈-〉	Human Interaction (relations between people most important)
Personal Control over (Each person should control whatever might affect him)		Fate the Environment (course of events is beyond power or control)
Self-Help (a person's achievement own merit)		Birthright Inheritance (privilege of birth; on his inherited wealth or social position)
Change(connotes improvement, development, growth and progress)		Tradition (honors rich and ancient heritage, civilizations)
Future Orientation (looking to future as better, planning and goal setting)		Past Orientation (past kept alive, today's world seen as continuity of past)
Individualism/Privacy		Group's Welfare
Competition		Cooperation
Equality		Hierarchy/Rank/Status (position in society clearly defined by rank/status)
Informality		Formality
Practicality/Efficiency		Idealism (philosophical, knowledge for knowledge's sake)
Directness/Openness/Honesty		Indirectness/Ritual/"Face"
Action/Work Orientation (action is superior to inaction)		"Being" Orientation (state of inaction is acceptable, concern with the nature of existence and inner self)
Materialism/Acquisitiveness		Spiritualism/Detachment

2. 미국 역사

개요

존 스미스가 "하늘과 땅이 이보다 더 잘 어울려 인간의 살 곳을 마련한 적은 일찍이 없었다."라고 한 말과 빌 클린턴 대통령이 1993년에 "미국은 생명, 자유, 행복의 추구라는 이상을 보존하기 위해 변화해야만 한다. 우리는 우리 시대의 음악에 맞춰 행진하지만, 우리의 사명은 시대를 초월하는 것이다."라고 한 말은 미국의 부단한 발전을 나타내는 인용이다.

미국의 역사는 17세기에 정착한 유럽 개척민에 의하여 이루어지기 시작하였다. 이후 1760년에는 인구가 150 만에 달하면서 식민지 자치가 이루어졌다. 그러나 미국의 독립의식은 독립전쟁 이전에 싹텄고 자치정부의 기본이념은 미국헌법의 기초가 되었다.

독립전쟁과 1812년의 영. 미 전쟁을 거치면서 국가 체제를 확립되고 자유와 질서의 균형이 이루어졌으나 노예제도 등 부작용도 적지 않았다. 그 결과가 미국역사에서 가장 비극적인 남북전쟁이지만 동시에 양분된 미국을 통일시킨 계기가 되었다.

미국의 성장은 제1차 세계대전을 거치면서 급격하게 이루어졌다. 50년도 채 못 되는 19세기 후반기 동안 미국은 농업국가에서 공업국가로 변신하였고 변경의 소멸, 공업지대의 조성, 대륙횡단철도의 건설은 국민 생활을 풍요롭게 했으나 기업합병, 근로조건의 약화, 인구팽창, 도금주의 등 산업화에 따른 제반 문제가 대두하였다. 2차 세계대전 후 미국은 정치, 경제, 사회, 문화 등 모든 면에서 세계 최고의 국가가 되었다. 다시 말하면 인류 역사상 전례 없는 영향력을 행사하는 제국이 건설되었다.

미국은 이제 정치분석가 밴 와텐버그가 말한바 "최초의 세계 국가"(the first universal nation), 즉 세계의 모든 국민성 및 인종을 포함하는 나라이다. 또한, 경제적 과학 기술적 물질적 인구학적 사회적 변화의 속도 및 정도가 끊임없이 변하는 나라이다. 미국의 현대화와 변화는 다른 국가에 영향을 미치게 된다. 그러면서도 건국 당시의 핵심적 가치관은 유지되고 있다. 그 가치관들은 개인적 자유, 민주적인 정부에 대한 신념, 만인을 위한 경제적 가치 및 발전에 대한 공약이다. 미국의 미래 과업은 새로운 세계의 문턱에 다가서면서 자유민주주의, 기회 등의 가치를 보호하고 번성하도록 노력하는 일이다.

1 신세계(~ 1600)

우리가 아메리카라고 알고 있는 대륙에는 수천 세기 동안 인류가 살지 않았다. 인류는 서반구에서는 태어나지 않았다. 아메리카의 원주민은 두 차례에 걸친 대량 종족이주가 아루어낸 산물이다. 아시아인들이 25000년에서 4만 년 전 경에 이 대륙으로 처음으로 이주해 들어왔다. 두 번째 대량 이주가 이루어진 것은 16세기로서, 주로 유럽인과 아프리카 대륙의 흑인들이 아메리카로 이주해왔다.

신세계(New World)란 400년 전 유럽인들이 이 지역을 부르던 명칭이다. 신세계의 역사는 다른 대륙과는 달리 독특하게도 이주민의 역사다. 이주민 중에는 탐험가도 있었고, 야망에 차서 미래를 꿈꾸는 사람들도 있었고, 때로는 탐욕이 가득한 사람들도 있었다. 모두 미지의 땅이 약속하는 미래에 매혹된 사람들이었고, 구대륙에서 극복할 수 없는 많은 문제를 피해서 새로운 땅에서 새로운 꿈을 꾸고자 했던 사람들이었다. 수천수만의 사람들이 낯설고 적대적인 이 새로운 세계로 도전했고, 새로운 문명을 창조하기 위해 노력하였다.

메이플라워호

신세계에 최초로 정착한 이주민의 역사에 대해서 알려진 것이 별로 없지만, 인류가 최초로 발을 디딘 곳은 알래스카 서부이며, 최초 정착자는 동부 시베리아에서 베링해협(Bering Strait)을 건너온 수렵인들로서 조금씩 남하했고, 몇몇 지역에서는 대단히 뛰어난 문명을 건설했다. 남아메리카의 페루에는 고도로 발달한 잉카 문명이, 1500년경까지 삼백만 정도의 인구가 살고 있었다고 하는 중앙아메리카와 멕시코 지역에서는 마야문명과 아즈텍 문명이 건설되었다. 그러나 다른 대륙의 다양한 문명과 교류하지 못했기 때문에, 초기 아메리카의 문명은 고도로 발달한 석기 시대를 보여주기는 했지만, 철기와 같은 문화에 기반을 둔 도구와 기술을 발전시키지는 못했다. 예를 들면, 16세기 초반의 아메리카에는 수레가 없었다고 한다. 그러나 이 문명에서 수학과 천문학, 발달한 사회 조직 등을 발견할 수 있다.

1000 Leif Ericson sails to the east coast of North America.
1492 October 12. Christopher Columbus lands in The Bahamas.

2 식민 정착기 (1600-1773)

유럽인에 의한 아메리카 대륙의 탐험과 이주는 초기에는 스페인과 포르투칼이 주도했고, 이후 프랑스, 네덜란드, 영국으로 주도권이 넘어갔다. 그 과정에서 자발적인 이주는 아니지만, 아프리카 부족민들도 이 행렬에 동참하였다. 그리고 이 이주민들이 오늘날의 아메리카 대륙을 건설하였다. 라틴 아메리카에 도착한 유럽인들은 오랜 시간에 걸쳐 원주민 문화와 유럽 문화가 혼합된 새로운 문화를 탄생시켰고, 북아메리카에 도착한 유럽인들은 순혈주의를 고수함으로써 많은 원주민의 희생을 낳았다.

출발하는 청교도들(삽화)

그들은 새로운 문명을 건설하기보다는 유럽 문명을 새로운 땅에 이식하고자 했지만, 여러 환경의 차이로 말미암아서 유럽과는 완전히 다르지는 않지만, 분명히 차별화된 문명을 건설했다. 유럽의 제도, 관습, 문화 등은 신세계에 적합하지 않은 경우가 많았고, 그들에겐 새로운 환경에 맞는 새로운 문화가 필요했다.

초기 정착민들에게 이질적 환경에 적응하고 문명을 건설하는 일은 영웅적인 노력을 요구했고, 때로는 그들은 많은 위험을 감수해야 했다. 이 과정이 바로 미국 역사의 초기 단계이다. 그들은 많은 투쟁을 거쳐서 제도와 관습과 믿음체계를 이룩했고, 이것이 현재의 미국을 존재하게 만들었다.

1607 Colonists establish first permanent English settlement at Jamestown, Virginia.

1620 Mayflower Compact establishes government by majority will in Massachusetts settlement of Plymouth.

1636 October 28. America's first college, Harvard, is founded at Cambridge, Massachusetts.

1754 French and Indian War begins. At war's end in 1763, France cedes Canada and upper Ohio valley to Britain.

3 미국의 독립 (1774-1783)

1775년 렉싱턴과 콩코드에서 발생한 민병대의 발포는 미국 독립을 향한 첫걸음이라고 볼 수 있다. 물론 독립을 위한 행보는 첫 이주민들이 아메리카 땅에 도착하여 유럽과는 다른 생각과 생활양식을 발전시키기 시작했던 시절부터 이미 시작되었다고 할 수 있고, 1775년 이후에도 독립을 위하여 한 걸음 한 걸음 전진하고 있었다고 할 수 있다. 그러나 1775년은 아메리카인들이 독립을 쟁취하기 위해 처음으로 투쟁한 해이며, 이로써 새로운 정부와 새로운 사회의 건설로 나아갔다고 볼 수 있다. 독립 국가를 세우기 위한 행보는 일련의 구체적인 단계를 거친다. 독립을 쟁취하겠다는 결정이 그 첫 단계다.

아메리카인들은 1775년 봄까지는 독립을 해야겠다고 생각하지 않았다. 많은 아메리카인은 여전히 그들이 단지 영국 제국이 그들을 영국의 신민으로 대접하고 있지 않기 때문에 그들의 권리를 지키고자 투쟁한다고 믿었다. 따라서 투쟁이 독립전쟁으로 이어지지 않고, 아메리카인들의 지지를 얻지 못한 영국의 아메리카 정책을 폐기하는 것으로 끝날 수도 있었다. 그러나 전쟁이 계속되자, 독립을 요구하는 목소리가 점점 높아졌다. 결국, 1776년 7월, 13개 식민지 연합의 지도자들은 필라델피아에서 만나서 미국이 새로운 자치국가임을 선포하기에 이르렀다.

그러나 독립선언은 독립 그 자체가 아니라 독립을 위한 첫걸음일 뿐이었다. 독립을 쟁취하기 위해서 미국인들은 영국과 길고 힘든

1776년 독립선언서 채택

전쟁을 치러야 했다. 전쟁은 거의 7년 동안 계속되었고, 처음에는 독립의 대의명분이 지지를 얻지 못했고 붕괴 직전에 있었다. 그러나 점차 독립을 주장하는 아메리카인이 힘을 얻으면서 1781년에 오랜 전쟁에 종지부를 찍을 수 있는 의미있는 승리를 거두었다. 그리고 2년 뒤 전쟁 종식을 알리는 평화조약이 체결되었다. 영국의 군사력은 북아메리카의 지리와 환경을 적극적으로 이용하는 새로운 형태의 전쟁에는 적절하지 못한 것으로 판명되었다. 반면 미국의 군사들은 대단한 정신력과 끈기를 보여줌으로써 그 누구도 쉽게 예상할 수 없었던 결과를 이끌어내었다.

1774 September 5. First Continental Congress opens in Philadelphia, Pennsylvania, "to consult upon the present unhappy state of the colonies."

1775 April 19. First shots of the American War of Independence are fired at Lexington, Massachusetts.

1776 July 4. The 13 colonies sign Declaration of Independence.

1777 October 17. British force under General John Burgoyne surrenders at Saratoga, New York.

1781 October 13. British army was surrendered at York town, Virginia, to combined forces under command of George Washington.

1783 September 3. Britain and U. S. sign Treaty of Paris recognizing American independence.
New nation extends from Canada south to Florida, and west from the Atlantic to the Mississippi River.

4 정부체제 정립 (1784-1820)

독립전쟁은 신생국 미국이 국가로서 생존의 문제를 해결해주었다. 그러나 전쟁이 그 국가가 어떤 국가가 되어야 하는지에 관한 문제까지는 해결해주지 않았다. 미국인들은 최소한 정치적인 면에서 새로운 연방정부를 탄생시킴으로써 이 문제에 대한 해답을 찾았다. 연방정부는 역사상 선례가 없었던 정치 체계로서 정부의 역할과 인간의 본성에 기초를 두고 있었다.

그러나 헌법 틀은 신생국에 맞게 여전히 완성되지 않은 채 남아 있었다. 따라서 이후 30년 동안 미국은 신생국이 어떤 방향으로 건설되어야 할지를 놓고 분파 간의 심각한 정치적 갈등에 시달렸다. 한편에서는 강력한 연방정부를 주장했고, 다른 한편에서는 연방 정부가 각 주를 이어주는 최소한의 역할만 하면 된다고 주장했다. 또한 경제적인 면에서도 농업 중심국이 되어야 할지, 제조업 중심으로 가야 할지 논란이 많았고, 국제적인 면에서도 변화하는 국제 정치에 적극적으로 참여해야 할지, 아니면 국내의 여러 문제부터 해결해야 할지에 대해서도 논란이 많았다. 이러한 주장들은 대단히 첨예하게 대립했기 때문에 때때로는 국가를 분열 위기로까지 몰아갔다. 1812년이 되자, 미국은 영국과 또다시 전쟁에 돌입하게 되었고, 새로운 국가로서의 미국의 전망은 대단히 불투명했다. "1812년 영미전쟁"으로 불리는 이 전쟁은 독립전쟁 이후에 여전히 가라앉지 않고 있었던 영미 간의 갈등이 표면화된 것이다.

1820년이 되면서 첨예한 갈등은 어느 정도 해소될 수 있었다. 미국은 일단 영국이나 프랑스 등 외국의 위협에서는 자유로워지기는 했지만, 모든 갈등이 완전히 해소된 것은 아니었다. 그러나 갈등의 초기 국면은 진정되었고, 국가의 기반이 잡혔다. 국가의 안전이 확보되자 미국은 영토의 확장과 함께 급속하게 발전하기 시작했다. 그러나 발전의 속도가 너무 빨랐기 때문에 내부에서는 새로운 위기가 생겨나고 있었다.

1789 February 4. George Washington is elected the first president.

1801 December 1. Federal capital moves to Washington, D. C. from temporary quarters in Philadelphia.

1812 War of 1812 against Britain begins. United States wins series of naval victories but fails in attempts to invade Canada. British burn Capitol and White House in August 1814.

5 팽창주의와 연방의 분리 (1820-1860)

급속한 성장과 빠른 변화는 미국 역사의 변함없는 속성이기도 하다. 그러나 1820년에서 1860년까지 미국 사회에서 일어난 성장과 변화는 아주 대단하고 심오했다. 40년 동안 미국의 인구는 급속히 증가했을 뿐만 아니라, 경제성장도 대단히 빨랐고, 영토 또한 크게 확장되었다. 미국인의 삶을 급격하게 변화시킨 이 모든 변화는 긍정적인 면만 있는 것은 아니었다. 이것은 미 연방의 해체로 이어질 정도로 큰 국가적 위기를 낳기도 했다.

1820년에 미국 인구는 독립혁명이 끝날 무렵에 비해 거의 3배로 증가했다. 그리고 다음 40년간 다시 3배가 되었다. 즉 천만 명에 미치지 못하던 총 인구가 3,100만 명에 이르게 되었다. 이에 따라 미국은 세계에서 가장 큰 국가 중의 하나로 성장하게 되었다. 19세기 초에 미국은 루이지애나 매입(Louisiana Purchase)을 성사시켰고, 스페인령이었던 플로리다 영유권을 획득하게 되었다. 자국의 영토를 더욱 확장하자는 강경파들은 정부에 압력을 넣어서 텍사스, 오리건 등을 포함한 남서부 지역을 획득하기 위하여 전쟁을 불사하기도 했다. 그들은 미국의 팽창을 미국의 운명(Manifest Destity)이라고 믿었고, 그 중 일부는 캐나다와 멕시코 지역까지도 미국에 합병해야 한다고 주장하기도 했다.

또한 이 기간에 미국의 경제 체제의 변화 역시 중요하다. 동북부나 동남부 지역에서뿐만 아니라 새로 정착한 서부 지역에서도 농업은 그 생산성이나 규모에서 엄청난 발전을 이룩했다. 국내 무역뿐만 아니라 국제 무역도 꾸준히 성장했고, 제조업 역시 빠른 발전을 이루어 미국 경제의 한 축을 담당하게 되었다.

이렇게 짧은 시간 내에 큰 성장을 이룩하게 된 데는 미국인의 용기 있고, 미래지향적이며 도전을 두려워하지 않는 에너지 넘치는 기질이 큰 몫을 차지한다고 할 수 있다. 이런 큰 장점은 동시에 큰 단점도 될 수 있다. 관점을 약간 달리해서 보자면, 미국의 성장은 미국 내의 원주민이나 흑인 그리고 자원에 대한 무자비한 착취의 결과이기도 하다.

미국의 자연 자원에 대한 착취는 그들의 농사 방식에서도 드러난다. 초기 미국의 주력 품목이었던 담배 재배는 많은 비옥한 땅을 황무지로 만들어버렸으며, 새로운 땅을 개척하고 주택단지와 공장부지를 건설하기 위해 숲을 황폐화시켰다. 이 결과 숲이나 강에서 동물들이 서서히 사라져 갔으며, 몇몇 종은 멸종하게 되었다. 이렇게 미국인들은 자신을 땅의 주인으로 생각하였지만 자연 자원의 개척에 한계가 있음을 몰랐다.

이러한 미국인의 태도는 자연자원에만 한정된 것은 아니었다. 아메리카의 원주민들 역시 조상 대대로 살아오던 땅에서 무자비하게 쫓겨났다. 1820년에서 1860까지 동부의 원주민들은 거의 모두가 미시시피 강 서쪽으로 밀려났으며, 이 과정에서 수많은 원주민이 죽었다. 그러나 미국인들은 "야만인"들의 반대 때문에 문명의 행보가 방해받거나 늦춰질 수는 없다고 확신하였다.

한편, 다른 지역에서 미국의 성장은 다른 민족 집단인 흑인 노예의 착취에 의존하고 있었다. 세계 시장에서 면화 농사로 엄청난 번영을 누리고 있었던 남부 농업은 노예 노동에 기반을 두었다. 이 시기에 세계의 다른 지역에서는 노예제도가 쇠퇴하고 있었음에도 미국의 노예제도는 더욱 강화되고 있었다. 미국에서 노예무역은 번성했고, 미국의 흑인 인구는 증가했다. 국제적으로 노예무역과 노예제도의 부당성이 문제가 되고 있었지만, 미국은 남부의 경제를 떠받치는 노예제도를 유지하기 위해서 미국 특유의 관습이나 제도를 만들고 있었다.

한편, 북부에서 경제 성장은 대부분 가난한 백인 노동자의 노동 착취에 기반을 뒀으며, 산업 자본주의의 성장에 따라 대규모의 새로운 노동력이 필요했다. 백인 노동자들은 노예라기보다는 이주해 온 계약제 하인이었기 때문에 그들만으로는 노동 시장의 수요를 감당할 수 없었다. 따라서 미국 내의 가난한 노동자들이 대거 공장으로 유입되었지만, 당시 노동 착취가 아주 심했기 때문에 당시 공장제도는 "임금 노예제"라고 비판하는 사람들도 생겨났다.

변화와 성장이 너무나 짧은 시간 내에 급격하고 광범위하게 일어났기 때문에 정치적이고 사회적 긴장은 불가피했고, 그 결과는 미국 연방 자체가 위기에 처할 정도로 심각한 것이었다. 19세기 중반의 정치적 갈등은 처음에는 지역 차이와 무관해보였다. 1820년대와 30년대의 미국의 긴장은 후보 지명 방식의 갈등과 같은 엘리트의 위치와 관련된 것에 집중되어 있었지만 천천히 다른 종류의 긴장이 표면으로 부상하게 되었다. 그 중 가장 첨예한 이슈가 노예제였다.

영토가 계속 확장됨에 따라서 새로운 정착지가 자유주가 되어야 할지, 노예주가 되어야 할지의 문제가 발생한 것이다. 북부와 남부 모두에게 이 문제는 사활이 걸린 문제였다. 분파 간의 갈등으로 남북은 더 첨예하게 대립하게 되었다. 독립전쟁이나 그 이후의 잇따른 전쟁으로 민족주의가 강화되면서 분파주의는 물밑으로 가라앉은 듯했으나, 1850년 이후 분파 간의 갈등이 심각해지면서 미국 연방이 해체될 위기에 처했고, 이것은 미국 역사상 가장 큰 갈등인 남북전쟁의 시발점이 되었다.

1819 United States buys Florida from Spain.

1836 Texas wins independence from Mexico; it is admitted as a state to the Union in 1845.

1846 Mexican War begins. Treaty signed in 1848 cedes American Southwest and California to the United States.

6 남북전쟁과 재통합 (1860-1870)

1960년 아브라함 링컨(Abraham Lincoln)이 미국의 대통령 선거에서 당선되었다는 소식은 남부의 대부분 지역과 북부의 일부 지역에서 분파 간의 대타협이 궁극적으로 실패했다는 것을 의미했다. 남부 지역의 만장일치에 가까운 반대에도 링컨이 대통령이 되었다는 사실은 남부와 북부가 더는 공존할 수 없으며,

남북전쟁

분파 간의 극단적 감정 대립이 이제는 평화적으로 해결될 수 없음을 보여주는 사건이었다. 결국, 전쟁은 시작되었다.

그러나 양측의 극단적 대립에도 링컨의 당선이 전쟁을 불러올 것으로 예측했던 분파는 없었다. 남부의 주들은 북부가 무력을 사용하여 남부를 진압하리라 생각하지 않았고, 북부 워싱턴 D.C의 연방정부는 남부의 반란 주들이 궁극적으로는 연방으로 복귀할 것을 믿었기 때문이다. 남부군은 1861년 찰스턴만 입구의 섬터 요새(Fort Sumter)를 점거하고 있던 연방정부군에 포격을 가함으로써 그들의 적의를 표출했다. 그러나 양측 모두 이것이 남북전쟁의 시발점이 될 것이라고 예상하지 못했다. 양측은 모두 이 무력충돌이 일시적이고 짧은 시간 내에 끝날 것으로 생각했다.

그러나 무력충돌은 4년에 걸쳐 계속되었다. 60만명 이상의 인명손실을 가져왔고, 수많은 부상자를 낳았을 뿐만 아니라 미국 전체가 이 전쟁으로 황폐화되었다. 타협을 몰랐던 미국인들이 치러야 했던 대가는 실로 엄청났다. 이 전쟁은 미국의 역사에서 어떤 무력충돌과도 그 성격이 달랐다. 또한 전쟁으로 남부와 북부의 극단적 대립을 해소할 수 있었던 것도 아니었다. 1865년 남부의 리 장군(Robert E. Lee)이 북부의 그랜트 장군(Ulysses S. Grant)에게 항복했을 때, 단 하나의 이슈, 즉 '노예제'만이 폐지 쪽으로 결론났을 뿐이다.

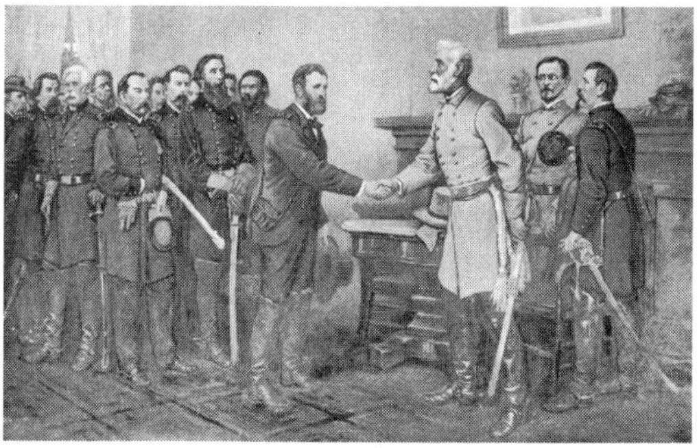
리 장군이 그랜트 장군에게 항복

즉 분파 간의 경제 관계나 정치권력의 분배, 혹은 자유민이 된 흑인들의 위상 등 여러 다른 문제들은 여전히 해결되지 않은 채 남아있었다. 이 전쟁의 가장 큰 공헌은 미국이 여러 군소 국가로 분열되지 않고, 단일한 국가로서 생존할 수 있게 해주었다는 점이겠지만, 앞으로 미국이 나아가야 할 방향이나 성격까지 결정해준 것은 아니었다.

오히려 북부 연방군의 승리로 끝난 이 전쟁은 분파 간의 갈등을 종식했다기보다는 양측의 대화와 타협이 여전히 쉽지 않다는 것을 확인시켜주었다. 분파 간의 적개심도 사라지지 않았으며, 전후의 평화적 질서를 회복하기도 어렵기는 마찬가지였다. 남부 백인들은 가능한 한 빨리 질서를 회복하고, 전쟁 이전의 사회 체계로 돌아가기를 원했지만, 승리한 북부인들은 남부에 연방군을 배치했고, 북부의 행정 체계에 따라 남부를 재편하기를 원했다. 1877년은 새 대통령의 취임과 더불어 북부와 남부 간의 대타협이 이루어진 해로서, 미국 정부는 남부에서 연방군을 철수시켰고, 북부의 남부에 대한 오랜 강압적 지배를 끝냈다. 이제 남부인들이 각 주 정부를 다시 장악하고, 자신의 지역에 대한 통제권을 회복하게 되었다.

그러나 대타협은 성공했지만, 이 타협에 열렬한 환호를 보낼 수 없는 집단도 존재했다. 남부 흑인들은 그들에게 기본적 시민권을 제공하고자 노력했던 연방정부가 철수한다는 말은 곧 보호의 철폐이자 흑인에 대한 지원의 철폐를 의미했다. 남부 흑인들에게 이것은 백인들 사이의 정치적 타협이었으며, 타협의 결과는 그들이 다시 또 다른 혹독한 차별과 가난에 시달려야 한다는 것을 의미했다. 4년간의 유혈 갈등과 12년간의 재건 과정을 통해서도 인종차별은 해결되지 않은 채 남아있었다. 그러나 백인의 편에서 보자면, 이 타협은 분파 간의 극단적 대립을 피하고 연방이 존속할 수 있도록 했던 1850년의 미주리 대타협의 정신으로 돌아간 것이었다. 그러나 장기적인 안목으로 보자면, 이 타협은 인종차별이라는 첨예한 문제를 해결하지 않고 모른 척 덮어둠으로써, 미래 세대가 떠안아야 할 짐으로 남겨둔 셈이다.

1860 Abraham Lincoln is elected 16th president.
December 20. South Carolina, rapidly followed by six other southern states, secedes from Union in reaction to election of Lincoln, who opposes extension of slavery into western territories. These states organize the Confederate State of America.

1865 April 9. Civil War ends with surrender of Confederate general, Robert E. Lee, to Union commander, Ulysses S. Grant, at Appomattox Court House in Virginia.
April 14. President Lincoln is shot while attending theater in Washington; Lincoln dies the next morning. Thirteenth Amendment to the Constitution forbids slavery and involuntary servitude.

1867 Territory of Alaska is purchased from Russia.

7 진보주의와 분열 (1870-1920)

미국의 산업혁명은 남북전쟁이 발발하기 훨씬 전부터 시작되었고, 전후 재건 기간이 끝날 무렵에는 산업혁명은 상당히 진전되어 있었지만, 산업혁명이 본격화된 것은 1870년부터라고 할 수 있겠다. 미국이 농업 중심 사회에서 도시화된 고도 산업사회로 접어들게 된 것도, 아메리카 대륙의 작은 국가에서 세계열강 중의 하나로 부상하게 된 것도 이 기간 동안이었다. 즉 19세기 마지막 30년 동안 미국은 근대 국가로서 도약했다.

당시의 미국과 그 미래를 바라보는 시각은 상반되는 두 가지로 나뉜다. 낙관적 견해는 미국의 놀라운 경제 성장과 대단한 기술적 진보, 그리고 세계열강으로서 강화된 위상에 자부심을 느꼈다. 사실 미국의 미래를 낙관적으로 전망하는 데는 상당한 근거가 있다. 즉 1900년대까지 미국은 세계의 산업화를 선도하고 있었고, 경제적으로도 무한정 뻗어나가고 있었으며, 자연자원과 노동력도 풍부했고, 새로운 노동자들이 계속 유입되고 있었다. 또한 기술적이고 행정적인 면에서도 상당히 정교해지고 있었다. 이런 점에서 미국은 사실상 대단히 번영을 누리고 있다고 하겠다.

그러나 19세기 후반의 상황은 사뭇 달랐고, 이는 미국인에게 상당한 경각심을 일깨워주었다. 빠른 경제성장은 도시의 인구밀집 현상, 소수자의 억압, 권력 집중, 부의 불균형, 정치적인 부패 등 많은 부작용을 낳았다. 또한 다수의 사람들은 산업화에서 소외되어 있다고 느꼈다. 이러한 여러 가지 문제들이 결합하여 1890년대에는 일련의 사회적 경제적 위기를 낳았다. 근대화는 성장과 진보를 낳았을 뿐만 아니라, 혼돈과 불의를 가져왔기 때문에, 이러한 일련의 문제들을 바로잡을 필요가 있었다.

바로 이러한 개혁의 필요성에서 미국 사회의 혼란을 바로 잡고 질서를 세우고자 미국인들은 새로운 제도와 절차들을 마련하고자 노력했고, 이 시기를 “혁신의 시대”("the progressive era")라고 이름 붙였다. 혁신주의는 이 시기의 극적인 정치적 투쟁에서 가장 잘 나타난다. 그러나 개혁의 충동은 정치 분야에 한정되었다기보다는 실질적으로 사회의 거의 모든 분야(경제, 예술, 교육, 직업, 소수민족, 여성 등)를 망라하고 있었다. 따라서 미국이 1차대전에 참여할 무렵에는 혁신주의의 노력이 거의 모든 미국인의 삶에 다 스며들어 있었다. 그러나 1차대전은 한편으로는 혁신적 사고에 대가를 치를 것을 요구했지만, 다른 한편으로는 더욱 강한 미국으로 도약의 계기가 되었다. 1차대전 이후 미국의 여러 새로운 실험들은 바로 이 혁신의 유산에 의거하고 있었다.

1차대전 참전 포스터

1898 War with Spain is declared in April and ends in July. Peace treaty, signed with Spain in December, guarantees Cuban independence and cedes Puerto Rico, Guam and the Philippines to the United States.

1903 November 6. United States and Panama sign treaty to build the Panama Canal.

December 17. Orville and Wilbur Wright make first successful flights in heavier-than-air mechanically propelled airplane near Kitty Hawk, North Carolina.

The Great Train Robbery, first western movie, introduces narrative techniques to tell story on film.

1918 November 11. World War I ends with Armistice.

8 번영, 대공황, 1·2차대전 (1920-1945)

여러 가지 점에서 1차대전과 2차대전 사이의 기간은 대단히 불연속적인 기간에 해당한다. 미국은 1920년 선거 이후에 정치적인 면에서 실질적이고 심오한 변화를 경험했다. 10년 동안, 보수파의 대통령이 연이어서 정권을 잡았고, 그들은 혁신주의 시대의 자유주의적 가정들을 거부했고, 전 시대의 개혁 정신이 보수주의의 부활에 그 자리를 내주는 듯이 보였다. 그러나 1933년, 프랭클린 루스벨트(Franklin Delano Roosevelt)대통령의 당선과 더불어 미국의 국회는 대규모의 새로운 개혁을 시도했고, 연방정부의 역할을 엄청나게 확장하였다.

경제적인 면에서도 현격한 변화가 있었다. 1921년에 시작해서

1929년 대공황 당시 실업자 행렬

미국 경제는 세계 역사상 선례가 없을 정도로 빠르게 성장하였다. 세계 무역에서 미국의 위상은 독보적이었고, 미국의 기업가들은, 돈벌이에만 혈안이 된 멸시받던 위상에서 벗어나서, 국민적 영웅으로 떠올랐다. 그러나 1929년의 증권시장의 붕괴와 더불어, 미국은 역사상 최악의 경제위기를 맞이하였다. 산업생산은 줄어들었고, 새로운 투자는 실질적으로 중단되었으며, 실업률은 엄청나게 치솟았다. 대공황(the Great Depression)은 거의 10년 동안 지속하였다. 이 경제적 위기를 끝낼 수 있었던 것은 2차대전이었다. 1942년이 되자, 미국은 1920년대의 번영의 시기가 부럽지 않을 정도로 다시 경제적으로 엄청나게 도약하기 시작했다.

문화적인 면에서는 특히 1920년대에 전통주의자와 근대화 주창자들 간의 날카로운 논쟁이 벌어졌다. 특히 종교와 인종, 그리고 갖가지 금지와 관련된 이슈들은 구사회와 신사회의 대립을 낳았다. 반면, 1930년대로 접어들자, 이러한 전통-혁신 논쟁보다는 빈부격차와 같은 경제적 문제가 논쟁의 중심이 되었다. 즉 가치의 문제보다는 부와 권력의 분배가 더 중요한 관심사가 되었다. 그러나 2차대전의 발발은 양극화된 논쟁과 분열에서 벗어나, 국론을 통합하고, 미국의 힘을 하나로 모을 필요가 있었다.

그러나 1920년대와 1930년대 사이, 그리고 이 기간과 2차대전 사이에 많은 차이점이 있음에도 불구하고, 두 기간 사이에는 중요한 연속성이 있다. 즉 정치, 경제, 문화적 측면에서 모두 합병이 있었다는 점에서 그렇다. 번영과 심각한 경기침체, 그리고 전쟁을 통하여, 미국은 모든 미국민에게 영향력을 지닐 수 있을 정도로 정부 기능이 확대되었으며, 미국의 모든 제도 속에 경제력을 집중시켰다. 그리고 지역적인 차이를 극복할 수 있는 사회적 문화적 전망이 생겨났으며, 미국 전체를 하나의 국가로 묶어줄 수 있는 사고와 행동 패턴, 즉 미국 문화라는 것이 생겨났다.

19세기 후반과 20세기 초반은 미국에서 새로운 산업 사회의 창조를 위한 거대한 발전이 이루어진 시기였다. 그리고 20세기 중반에 들어서면서 미국 사회는 모든 면에서 현대화된 사회의 면모를 갖추게 되었다.

1927 January 1. National Broadcasting Company (NBC) makes first coast-to-coast radio network broadcast. Charles A. Lindbergh makes first nonstop solo flight across the Atlantic Ocean, from New York to Paris.

1929 October 29. Stock market crash marks beginning of America's worst economic depression.

1933 Under President Roosevelt, federal government launches "New Deal" program to provide work for the unemployed, raise farm prices and stabilize banks in the wake of the Great Depression.

1936 Franklin D. Roosevelt is elected to second term as president and, in 1940, to an unprecedented third term.

1939 As Europe plunges into war, President Roosevelt declares American neutrality.

1941 March 11. Congress passes and President Roosevelt signs the Lend-Lease Act to aid foes of Nazi Germany.
December 7. Japanese attack on Pearl Harbor in Hawaii brings United States into World War II.

9 미국의 세기 (1945~)

1941년 출판업자인 헨리 루스(Henry Luce)는 "20세기를 미국의 세기(American Century)로 우리가 부를 수 있는 이유는 무엇이며, 어떤 면에서 미국의 세기라고 예측할 수 있는가? 그리고 그것은 어떻게 창출될 수 있을까?"라고 질문했다. 이 질문은 2차대전 이후 많은 미국인이 제기한 질문이기도 하다. 2차대전의 승전국으로 세계에서 가장 존경받고 강력한 권력을 휘두르는 국가가 된 미국은 1945년 미국의 미래를 대단히 낙관했다. 다가올 세기는 미국의 세기가 될 것이라고 믿어 의심치 않았다.

미국의 운명은 대단히 낙관적으로 보였다. "미국의 '권리장전,' '독립선언,' '헌법,' '훌륭한 산업' 그리고 미국의 '멋진 테크놀로지'가 모든 다른 모든 국가로 확장될 수 있을 것처럼 보였다. 미국은 계속 확장되고 있는 기업의 역동적인 중심이었고, 착한 사마리아인으로서 인류를 위해 봉사하는 훈련 본부였다. 또한 미국인들은 받는 것보다는 베푸는 것이 더 많은 은총을 받는다고 실제로 믿었다." 이러한 모든 특성은 미국인들은 그들이 열정적으로, 기쁨에 차서 20세기를 이끌어갈 수 있다고 미국의 미래를 낙관하게 하였다."

미국은 의기양양했고, 자신감에 차서 상호협력과 동맹에 의해 평화로운 세계를 창조할 수 있고 믿었다. 그러나 이러한 전망 뒤에는 미국이 그들의 이미지에 따라 세계를 구성해야 하고, 군사력, 경제력과 윤리 의식에서도 미국이 세계의 최강국이라는 의식에 근거해 있었다. 따라서 이러한 낙관적 전망은 단지 20여 년 정도밖에 지속하지 못했다.

다른 관점에서 보자면, 미국의 미덕을 특별히 강조하는 이러한 태도는 전후의 사회적 불안에 대한 방어적 태도에서 나왔다고 할 수 있다. 2차대전이 끝난 직후, 미국은 새로이 부상하는 세계의 질서와 권력관계 속으로 휘말려 들어가고 있었다. 즉 러시아 혁명 이후 급속하게 성장한 소비에트 연방(Soviet Union, 오늘날의 러시아)이 국제무대에서 미국의 강력한 경쟁자로서 등장한 것이다. 이제 세계는 세계대전과 같은 전면전의 공포를 느꼈던 시대에서 새로운 긴장과 갈등에 기반을 두는 냉전(Cold War) 시대로 접어들게 되었다. 냉전은 칼럼니스트인 리프만(Walter Lippmann)이 만들어낸 신조어다. 몇 년에 걸쳐서 냉전은 미국 사회에 뿐만 아니라 국제적으로도 오랜 기간 군사적 갈등을 야기했다.

그러나 "미국의 세기"라는 비전은 전후 미국 사회의 번영과 괄목할 만한 성장의 결과였다. 2차대전이 끝나고 미국은 1920년대 후반부터 시작된 대공황(Great Depression)에서 완전히 벗어났으며, 경제는 다시 활기를 띠기 시작했고, 괄목할만한 성장을 했다. 실제로, 1945년 이후 20년 동안 미국만큼 놀라운 경제적 성장을 한 나라는 전 세계적으로도 선례가 없었다. 이 시기에 사람들은 미국의 놀랄만한 성장에는 특별한 비결이 있다고 믿었다.

2차대전이 끝나고, 지난 세기의 고립주의 정책을 폐기하고 미국은 국내의 문제뿐만 아니라 국제 정세에도 과감하게 개입하여 전 세계에 커다란 영향력을 발휘했고, 특히 공산주의 진영에 대해서 경계를 명확히 하면서 적극적인 공세를 취했다. 정도의 차이는 있겠지만, 미국의 영향력은 거의 세계의 모든 지역에 미치지 않은 곳이 없었다. 그들의 비전과 가치를 실현하기 위해 미국은 경제적으로 정치적으로 때로는 군사적으로 세계의 거의 모든 지역에 개입했다.

국제적 차원에서뿐만 아니라, 국내 문제에서도 미국은 그들의 비전과 가치를 확고히 했다. 특히 1950년대 후반부터 정치적으로는 자유민주주의를 표방했고, 자유주의 정신에 따라서 일련의 사회적 문제를 과감하게 해결하고자 노력했다. 막강해진 경제력으로 미국은 가난이나 폭력 등의 여러 가지 문제를 해결할 수 있었기 때문에, 자유주의자들은 연방정부가 혁신적 정책을 수행할 수 있다고 믿었다.

월남전과 베트남 소녀

그러나 1960년대 중반에 접어들면서, “미국의 세기”에 대한 믿음과 미국의 꿈은 여러 난관에 부딪쳤다. 적극적인 반공산주의 정책을 펼쳤던 미국은 베트남전에 과감하게 개입했지만, 전쟁이 7년 이상 지속되면서 세계의 경찰로서 미국의 위상이 흔들렸고, 중동전에 개입하면서 문명의 충돌을 일으킨 국가라는 달갑잖은 오명도 얻었다. 국내에서도 정치적 사회적 위기를 낳았다. 범죄 발생을 줄이는 등 사회 문제에 단호하게 대처하였지만 흑인의 억압이라는 문제들이 표면화되기 시작했다. 베트남전에서와 마찬가지로 미국 흑인의 지위 향상과 같은 문제는 대단히 중요했지만, 시간이 갈수록 갈등은 더욱 확산되었고, 많은 대가를 치르고도 쉽게 해결되지 않는 문제로 남게되었다.

따라서 이 시기의 큰 위기—베트남전과 인종분쟁—은 미국 사회의 근간을 위협하는 듯 보였다. 이 분쟁이 결국 진정되기는 했지만, 이것은 미국인의 삶에 큰 변화를 가져왔다. 미국인들은 이제 더는 세계를 그들의 의지대로 바꿀 수 있다는 신념을 버렸으며, 국내의 모든 분쟁의 해결에 대해 언제나 낙관적이 될 수 없었다. 간단히 말해서 미국은 안정과 질서를 원했지만, 이를 추구하는 과정에서 새로운 문제가 생겨났고, 때로는 실패를 맛보기도 했다.

....

1945 April 12. Roosevelt dies of cerebral hemorrhage; he is succeeded as president by Vice President Harry S. Truman.
May 8. Nazi forces surrender, ending war in Europe.
August 15. Japan surrenders, ending the war in Asia.

1946 July 4. Philippines gain independence from United States.

1949 April 4. United States, Canada and Western European nations form North Atlantic Treaty Organization (NATO).

1950 June 27. United Nations send troops to defend Republic of Korea against attack by North Korea.

1958 January 31. United States orbits its first satellite, Explorer I.

1961 May 5. Astronaut Alan B. Shepard Jr. makes first manned U. S. space flight.

1966 Unmanned Surveyor spacecraft successfully soft-lands on the Moon.

1968 April 4. Martin Luther King Jr., civil rights leader and winner of Nobel Peace Prize, is fatally shot in Memphis, Tennessee.

1969 April. U. S. forces in Vietnam peak at 543,000; withdrawals begin in July.

1972 February. President Nixon travels to Beijing for meetings with leaders of People's Republic of China.

1973 January 27. Four-party agreement on ending war and restoring peace in Vietnam is formally signed in Paris.

1974 August 9. President Nixon resigns from office due to Watergate break-in.

1984 February. Bruce McCandless and Robert Stewart, astronauts on the space shuttle Challenger, are the first humans to fly free of a spacecraft.

1987 September. The nation celebrates the 200th anniversary of the Constitution of the United States.

3. 미국 땅과 프론티어

개요

미국에 사는 미국인들이 야생의 거대한 땅을 대면하여 개척과 개발을 이룬 역사는 신화적인 이야기에 해당한다. 미국의 발전은 많은 에너지가 소요되는 집단적 상상력에 사로잡힌 격렬한 형식을 지니고 있다. 실제 300만 제곱마일 이상의 국토를 정복하는데는 채 400년이 걸리지 않았지만 많은 국토가 지금도 반 거주상태, 반 개발상태로 남아있다. 이렇듯 물리적 환경을 정복하는 미국인의 투쟁은 부단하게 지속된 것이다.

지리적으로 볼 때 미국은 행운의 나라이다. 두 개의 대양이 유럽과 아시아의 정치적 군사적 위협으로부터 미국을 보호해주며 광활한 국토는 농산물과 광물자원의 자급자족을 가능하게 하고 천혜의 강과 수로는 인력과 물자의 이동을 용이하게 한다. 로버트 프로스트가 "우리가 땅의 것이 되기 전에 땅이 우리의 것이 되었다"라고 한 노래는 미국인과 자연과의 관계를 단적으로 보여준다.

미국의 자연환경은 두 개의 기본적인 차원을 지닌다. 하나는 지형, 배수, 광물의 분포를 결정하고 토양의 비옥도에 영향력을 미치는 지질학적 과정이며 나머지 하나는 날씨와 기후, 식물과 토양의 분포를 지배하는 기상학적 과정이다. 이 두 과정은 미국 전역에 다채롭고도 상이한 지형을 이루어내는 직접적 요인이라 할 수 있다.

미국인들은 자연적 특성과 생물의 분포 등을 활용하여 토지를 효율적으로 활용해 왔다. 미국의 지리적 특성을 개관해보면, 미국 본토는 북미 대륙의 중앙에 위치하여 북으로는 캐나다, 남으로는 멕시코와 접하고, 동쪽으로는 대서양에, 서쪽으로는 태평양에 면해있다. 가장 늦게 미국의 주로 편입된 하와이와 알래스카는 본토와 떨어져 있으며, 알래스카는 캐나다 북서부와 접하고 하와이는 태평양 중앙에 위치해 있다.

미국의 다양성은 동서로 2575Km, 남북으로 4500Km에 걸쳐 뻗진 방대한 대륙과의 다양한 지형, 인종, 기후에서 비롯된다. 북서부의 울창한 삼림 지역의 연 강우량은 약 260cm인 반면 남서부의 사막지역의 년 강우량은 13cm에도 미치지 못한다. 지형과 기후의 다양성으로 인하여 세계 각지에서 온 사람들은 그들 나라의 기후조건과 비슷한 곳을 항상 발견하게 된다. 호수가 산재하고 소나무 숲, 눈이 덮인 산봉우리도 있으며, 개울과 나무가 있는 초원, 해안의 절벽, 평야, 포도 과수원, 모래밭 등, 세계 도처에서 발견되는 모든 지형들을 지닌 나라가 미국이다.

미국의 일부 지역을 보면 주민들의 정착이 우연히 이루어진 것처럼 보인다. 그러나 주거환경을 살펴보면, 대부분의 사람들은 그들의 생활양식과 가장 어울리는 자연환경을 선택하고 자연환경에 가장 적합한 산업에 종사하며 살고 있음을 알게 된다.

1 미국의 지리

미국의 지리와 그 역사는 지금으로부터 대략 10,000년에서 25,000년 전에 결정되었다고 한다. 이 시기에 북부의 빙하가 녹아서 북아메리카 대륙으로 흘러듦으로써 북미대륙의 지리가 크게 바뀌었다. 특히 빙하는 오대호(Great Lakes)의 규모와 흐름을 상당 부분 바꾸어놓았다. 그것은 미주리 강(the Missouri River)의 방향을 바꾸었고, 허드슨 강(the Hudson River)의 수로를 만들었다. 빙하는 캐나다의 많은 땅을 깎아내렸고, 그 흙이 미국의 땅으로 흘러들게 하였다. 이렇게 해서 세계에서 가장 큰 농지인 중앙 농업 분지(the

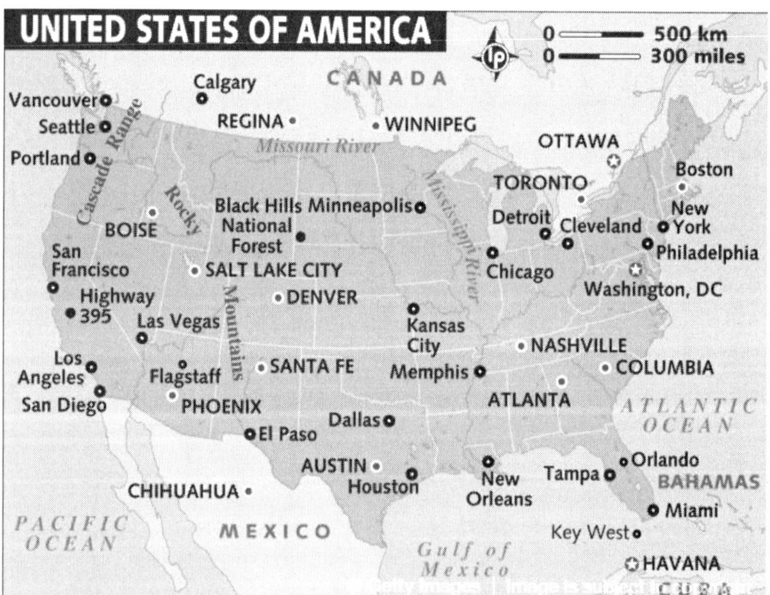

미국 전도

Central Agricultural Basin)의 북쪽 지역이 생겨났다.

대서양과 접하는 미국의 북쪽 해안선은 바위가 많고, 울퉁불퉁하지만, 대서양 연안의 중부와 남부 지역은 해수면보다 약간 높은 위치에 있다. 이곳은 평평한 습지대와 모래 평야에서 시작하지만, 남부 지역으로 갈수록 북유럽과 서유럽의 해안과 유사한 형태의 저지대를 이룬다. 동부 해안지대와 내륙의 경계를 이루는 애팔래치아 산맥(The Appalachians)은 앨라배마 북동부에서 캐나다 국경까지 거의 2,400km가량 뻗어 있는 노년기 지형으로 곳곳에 석탄이 풍부한 계곡들이 분포해있다. 애팔래치아 산맥의 서쪽에는 몇 개의 고원이 있다. 이 고원들은 수세기에 걸친 산악 지대의 풍화작용과 계곡 옆의 작은 언덕들의 침식작용으로부터 생겨났다. 거대한 중앙 저지대를 넘어서면, 대평원이 펼쳐진다. 이 평원들은 동유럽이나, 만주, 그리고 호주의 대평원, 아프리카나 남아메리카의 평원들과 유사하다. 거의 1,600Km 정도 이어지는 중앙 저지대의 북쪽 오대호는 캐나다와 경계를 이룬다. 오대호의 세계에서 가장 규모가 큰 담수호로서, 미국의 북부 지역을 뒤덮고 있었던 빙하가 녹아서 만들어졌고, 세계 담수의 절반 이상을 포함하고 있다.

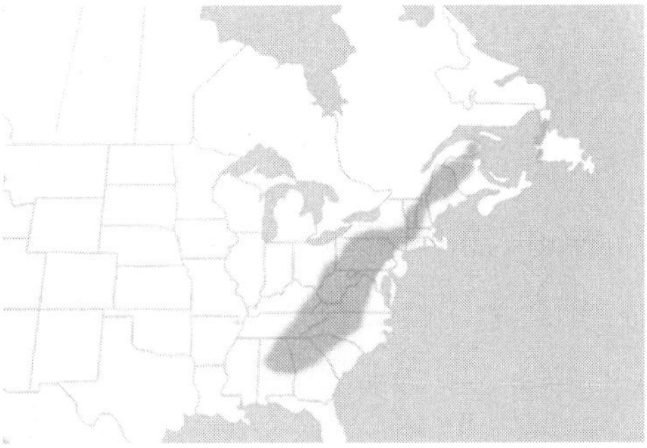

애팔래치아 산맥의 위치

중앙 저지대의 서쪽은 대평원(the Great Plains)으로써, 서쪽으로 약간 기울어져 있는 평평한 수평 지층으로 된 고원이며, 아메리카 대륙의 척추라고 할 수 있는 로키 산맥과 경계를 이룬다. 로키 산맥은 청년기 지형을 가지고 있다. 청년기 지형에 해당하는 유럽의 알프스산맥이나 아시아의 히말라야나 남아메리카의 안데스산맥과 마찬가지로, 록키산맥은 높고 거칠고 험준하다.

얼핏 보기에, 로키 산맥의 서쪽 평원은 산이 무너져서 만들어진 덩어리처럼 보인다. 그러나 실제로 이곳은 아주 별개의, 분리된 지역으로 구성되어 있고 다른 지리적 사건으로부터 형성되었다. 한 지역은 로키 산맥에서부터 흘러내려 온 물질이 쌓여서 만들어진 단층으로, 깊이가 1,600km에 이르는 콜로라도 강의 그랜드 캐니언(Grand Canyon)이 있는 콜로라도 대고원(Colorado Plateau)을 포함한다. 그러나 다른 지역은 콜롬비아 고원(Columbia tableland)으로써, 인도의 데칸고원(Deccan Plateau)처럼 용암이 분출하면서 용암 대지가 형성되고서, 깊이 수천 미터의 콜롬비아 계곡이 생겨났다.

캐스케이드 산(the Cascade Mountains)은 화산으로 이루어진 로키 산맥의 유명한 봉우리 중 하나다. 또한 대분지(the Great Basin)는 동쪽으로는 로키 산맥, 서쪽으로는 시에라 네바다 산맥(Sierra Nevada) 사이에 있는 지역이다. 네바다 산맥과 대분지는 모두 융기한 지각의 조각으로 이루어진 융기지대이다. 태평양 연안에는 상대적으로 낮은 산맥들이 있으며, 환태평양 조산대에 포함되어 종종 지진이 발생한다.

2 북동부 : 인종 도가니

미국의 지역

미국의 북동부 지역은 대부분의 미국 여행객들이 거쳐 지나가는 장소이며, 가장 자주 묘사되는 지역이다. 뉴욕(New York)의 고층 빌딩, 피츠버그(Pittsburgh)의 제철공장, 디트로이트(Detroit)의 자동차 조립 라인, 이 모든 것은 북동부 지역 산업화의 상징들이다.

수백만의 유럽인들은 이 산업 단지 지역을 "용광로"(melting pot)라 불렀다. 용광로란 다른 지역의 수많은 다른 민족들이 미국에 와서 융합되었다는 것을 뜻한다. 미국의 다른 지역들보다도, 북동부 지역은 가장 많이 유럽의 문화와 전통을 반영한다.

그러나 이 지역은 불과 3세기 전까지만 하더라도 황무지였다. 이 황무지는 미국을 발전시키는 데, 큰 힘을 발휘했다. 정착민들이 이 지역을 개척함에 따라서 정착민의 문화에도 많은 변화가 생겨났다. 정착민들은 새로운 세계에서 여러 문제에 직면함에 따라서 유럽의 많은 전통적 행동 패턴을 포기해야만 했다. 그들은 살아남고자 협동에 근거한 생활방식을 창출했고, 이것은 미국의 정치 체계와 실용 철학이 되었다.

심지어 오늘날까지도, 공장이나 아파트 단지, 그리고 군중으로 붐비는 거리만을 기대하면서 방문하는 여행객들은 막상 이곳에 도달하면 대단히 놀라게 된다. 여행객들은 북동부에서 공장 굴뚝보다는 나무가 빽빽한 숲을 더 많이 보게 되고, 콘크리트 도로보다 더 많은 농지를, 사무실보다는 농가를 더 많이 발견하게 된다.

북동부 지역의 지리적 풍경을 바라보면, 그 규모 면에서 작고 온화하다. 이 지역은 많은 개울과 시내, 나지막한 산과 언덕, 과수원, 목장, 그리고 채소밭으로 이루어져 있다. 또한, 메인 주(the State of Maine) 북부는 원시림이 울창하며, 오늘날까지도 이 지역을 가로지르려면 문명의 수단을 이용하기보다 도보나 카누를 이용해야 한다. 그리고 많은 도시에서 또한 큰 빌딩들 옆에 오래된 농가나 헛간을 발견할 수 있다.

이곳의 방문객들은 상대적으로 오래된 농장지대 안에 도시와 산업이 성장했다는 것을 금방 추측할 수 있다. 몇 세대 전까지만 해도 이곳에 있는 농장 대부분은 농사와 곡물 수확이 주 수입원이었고, 자급자족을 위해서 가금류와 가축을 키웠다. 그러나 오늘날, 대부분의 농장은 젖소 농장, 채소 농장, 가금류 농장, 과실 농장 등으로 전문화되었다. 농업 생산의 성격은 이 지역의 산업 경제의 수요에 따라서 변화했기 때문이다.

3 중앙분지의 대초원지대

아메리카의 땅에 당도했을 때 첫 200년 동안 정착민들은 새로운 농장을 만들고자 나무를 베고 숲을 개간하지 않을 수 없었다. 그러나 이 지역의 나무들은 대부분 너무 커서 한 명이 나무 한 개를 쓰러뜨리기까지 이틀이 걸렸다. 개척 농민들은 나무를 이용하여, 집과 헛간, 울타리뿐만 아니라, 가구와 연장도 만들었지만, 그들이 1년에 개간할 수 있는 면적은 기껏해야 1헥타르 정도에 불과했다. 특히 나무의 그루터기는 불에 태워도 제대로 제거할 수 없었기 때문에, 농부들은 그것을 그대로 놔두고, 그루터기 사이로 옥수수를 경작할 수밖에 없었다. 땅속에 깊이 박혀 있는 뿌리로 말미암아, 말의 마구나 쟁기가 자꾸 부러지기도 했지만, 수년간의 많은 노력 끝에 큰 나무들 사이로 제법 규모 있는 농장을 세울 수 있었다.

그러나 새로운 정착민들이 대거 이 지역으로 몰려오자, 그들은 개간된 땅을 비싼 값으로 팔고, 다시 서쪽으로 이동함으로써, 미국의 첫 번째 프론티어가 되었다. 이런 방법으로 그들은 노동력을 이용하여 농지 확장을 위한 광대한 농업 자본을 만들었다.

19세기 초까지, 프론티어 농부들은 미국 동부 지역의 가장 서쪽 끝까지 숲을 개간했고, 마침내, 대초원 지대의 동부, 즉 현재의 일리노이(Illinois)주에 도달했다. 나무가 빼곡히 들어찬 어두운 숲 속을 개간했던 그들이 사방이 트여 있고, 양지바른 초원 앞에서 느낀 기쁨과 환호가 얼마나 대단했을지 짐작할 수 있다.

중서부 대초원 토양은 숲을 개간하여 만든 동부의 농지보다 훨씬 비옥했다. 이 사실을 알지 못한 초기 개척자들은 대초원 주변의 숲속에 정착했다. 그러나 몇 년이 지나지 않아, 이곳으로 새로이 유입된 이주민들은 넓은 초지를 농지로 바꿀 수 있는 지 실험해보고자 했다. 그러나 난관은 많았다. 대초원의 잔디는 굵고, 뿌리가 깊었기 때문에, 나무 쟁기로는 대초원의 잔디를 잘라내는 것은 무리였다. 동부의 뉴잉글랜드에서 좀 더 크고 좀 더 무거운 쇠로 만든 쟁기를 발명하자, 개척민들은 새로운 쟁기를 이용하여, 잔디를 깎고 뒤집을 수 있게 되었지만, 문제는 또 있었다. 찰진 흙이 쟁기의 거친 표면에 겹겹이 달라붙어서, 여섯 마리의 소가 끌어도 그것은 움직이지 않았다. 문제의 해법은 쇠(iron)가 아니라 강철(steel)에 있었다. 강철은 표면을 매끄럽게 다듬고, 날을 날카롭게 할 수 있었다. 1833년 이를 알게 된 대평원 지역의 한 농부가 최초로 강철 쟁기를 만들었고, 몇 년 후 존 디어(John Deere)는 강철 쟁기를 제조하기 시작했다. 그 후 대평원 지역은 미국의 가장 비옥하고 광대한 농업지대가 되었다.

4 동남부 지역 : 기회의 땅

미국 동남부 지역의 특성을 가장 잘 알려주는 한 이야기가 있다. 이것은 한 불쌍한 남자의 장례식에 관한 이야기다. "작은 대리석으로 된 묘비는 버몬트(Vermont)주에서 가져온 것이고, 소나무로 된 관은 오하이오 주로부터, 관을 짤 때 쓴 못은 피츠버그(Pittsburgh)

로부터, 관 속에서 그가 입은 코트는 뉴욕에서, 신발은 시카고에서, 그리고 셔츠는 신시내티(Cincinnati)에서 가져온 것이다. 남부는 그 남자의 몸이 묻힐 땅을 제외하고 그 어떤 것도 그에게 제공해주지 않았다."

이 우화가 보여주는 것처럼 동남부에는 자원이 풍부하지 않다. 그러나 이 지역은 강수량이 많고, 기후가 온화하다는 장점이 있다. 일 년 중 최소한 6개월 동안은 서리가 내리지 않기 때문에, 곡물이 잘 자란다. 또한, 미시시피 강이 이 지역의 중심부를 관통하기에, 곡물이 자라기 좋은 토양을 가지고 있다.

해안지역의 평원은 예쁜 갈색으로 물들고, 낮은 언덕은 붉은색으로, 텍사스의 동부는 검은색으로 넘쳐난다. 플로리다의 많은 지역은 아열대 과일이 풍부하다. 한편, 루이지애나와 텍사스는 미국에서 가장 많은 석유자원이 매장되어 있고, 어업과, 숲, 그리고 광물자원이 대단히 풍부하다.

사이프러스 나무

또한, 남동부는 대단히 아름다운 풍광을 자랑한다. 예를 들면, 얕은 물로 덮인 땅에는 목이 긴 포도주병처럼 생긴 사이프러스 나무가 검고 파도 없는 수면 위로 솟아있다. 토양은 붉은 비단을 넓게 펼쳐놓은 것 같이 보인다. 또한 소리 없이 흐르는 작은 계속들, 푸른 언덕, 태양을 받아 빛나는 섬, 끊임없이 펼쳐진 모래와 하늘과 바람이 있는 곳이다.

2차대전이 끝나고서, 이 지역의 경제는 크게 발전했고, 새로운 도로와 다리, 공장들뿐만 아니라, 교육시설과 병원, 커뮤니티 센터 등이 건설되면서, 이 지역은 대단히 놀라운 발전을 이룩했다.

5 대평원 : 비극과 약속의 땅

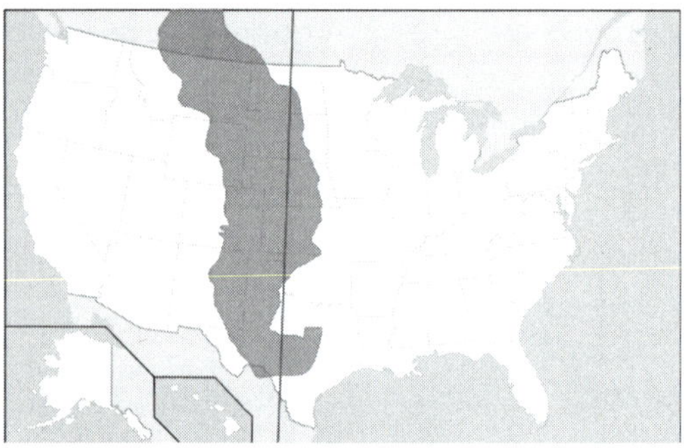

미국의 대평원 위치

미국의 대평원은 거의 미국의 중부를 가로질러 남북으로 뻗어있는 50cm의 강우선(rainfall line)으로 시작된다. 이 보이지 않는 길을 지날 때 거의 모든 여행자가 기온의 차이를 쉽게 알아차릴 정도로 이곳은 여름에는 매우 덥고 겨울에는 매우 추운 땅이다. 또한 이곳은 땅 보다 물이 더 귀하며, 강우를 예측하기 어렵고 기후가 험악하다. 2~3년간은 비가 충분히 올지도 모르지만, 그 후 1년 동안은 비가 한 방울도 내리지 않을 수도 있다. 바람은 지속적으로 분다. 7월부터 9월까지 매우 덥지만, 겨울에는 눈이 집과 헛간을 뒤덮는다. 종종 날씨가 한 해의 농사를 망친다.

미국의 '거대한 사막'이라고 알려진 이 넓고 평평하고 외로운 땅에 첫걸음을 내디딘 사람은 모피를 구하고자 산을 넘어온 산악인이었고, 그 후 개척자들이 이곳에 정착하게 된다. 이 지역은 황무지였기 때문에 많은 개척자들이 대평원에 정착하여 터전을 일구려 하지 않았다. 오직 인디언들만이 나무와 흙이 없는 그곳에서 살아남는 방법을 알고 있었다. 인디언들은 수백 마리의 물소를 사냥했다. 인디언들은 물소의 가죽은 옷감 등으로 이용했고, 물소 고기는 식량으로, 뼈는 도구를 만드는 데 이용했다.

그러나 1868년 대륙횡단철도가 이 지역에까지 건설되면서, 수백 마리의 물소가 죽었고, 물소가 노닐던 자리에 소를 방목하는 대규모 목장과 축사가 생겼다. 대륙횡단철도가 건설되고서 2-3 세대가 지나자, 다른 지역에 더 이상의 농장 건설은 불가능했다. 동부 대초원(prairies)는 이미 정착민들로 가득하였고, 퍼시픽 계곡(the Pacific valleys)에도 많은 인구가 밀집해 있었다. 결국, 정착민들은 딱딱하고 건조한 땅을 경작하면서 대평원에 터전을 잡게 되었던 것이다.

처음에는 이 지역을 개척하고 최소 5년 이상 거주하고자 하는 정착민들에게 정부는 무료로 64헥타르의 땅을 제공했다. 그들이 이 지역의 첫 정착민이다. 이 정착민들이 이 지역으로 들어오기 전에 인디언들과 소를 방목하는 목장주들이 살고 있었고, 첫 몇 년간은 새로운 정착민과 인디언, 그리고, 목장주들 간의 세력 다툼이 심각했고, 폭력적인 갈등을 빚기도 했지만, 새로운 이주민들이 가시 철조망과 풍차를 발명함으로써, 기존 세력에 대해 확실한 승리를 거두었다. 가시 철조망은 목장에서 소가 멀리 달아나지 못하게 해주었고, 풍차는 가뭄이 지속될 때 지하수를 끌어올려서, 농사를 짓고, 목장을 운영할 수 있도록 해주었기 때문이다.

6 록키산맥 지대의 산맥과 사막

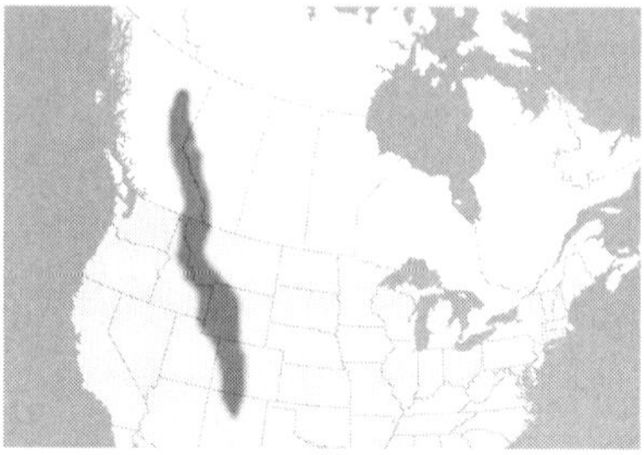

록키산맥의 위치

로키 산맥은 멕시코에서 북극까지 뻗어 있다. 알프스 산맥처럼 로키 산맥은 높고, 가파르고 험준하다. 동부의 애팔래치아산맥과 비교할 때, 록키산맥은 청년기에 해당하며, 산맥의 남쪽 지역도 정상의 기암괴석은 모두 눈으로 덮여있다. 또한 높은 계곡에는 빙하 시대의 흔적이 있으며, 계곡 아래에는 투명한 빙하 호수가 있다.

10억여 년 전에 지구는 현재 로키 산맥이 있던 지역에 습곡작용(褶曲作用)으로 단층을 따라 융기하였다가 침식하여 준평원이 되었으나, 그 후 다시 융기하여 현재의 고도에 이르렀다. 이 지역은 뜨거워졌다가 녹은 암석인 금, 구리, 납, 은 등과 같은 많은 금속을 함유하고 있다.

시에라(Sierras)가 융기했고, 용암이 흘러나와서 컬럼비아 고원(the Columbia Plateau)이 만들어졌고, 콜로라도강(the Colorado River)이 흘러내리며 그랜드캐니언(the Grand Canyon)을 만들어냈다. 이 산악 지대가 마지막으로 융기하였을 때, 태평양 연안지대의 산맥들이 무너지고 지진이 발생했다. 이런 식으로 형성된 전체 로키 산맥은 39개의 유명한 산맥을 포함한다.

록키산맥 지대를 처음으로 방문한 백인은 스페인 탐험가로서 태평양에까지 걸쳐 있는 록키산맥의 남부 산악지대를 탐험했다. 사냥꾼들은 남부가 아니라 로키의 북부를 탐사했다. 약 1세기 정도 전까지 로키 산맥은 인간이 정착하기 불가능한 지역으로 보였다. 그러나 1848년, 캘리포니아주의 강 바닥에서 금이 발견되자, 엄청난 사람들이 록키산맥을 건너왔다. 오늘날, 초기의 정착자들과 사냥꾼들이 개척해놓은 길을 따라 8개의 철도와 12개의 고속도로가 이 산악지대에 건설되어 있다. 금을 채굴하기 위해 들어온 수천 명의 사람이 생활하면서 광산촌이 형성되었다.

그리고 황무지와 다름없었던 이 지역에서 농사가 시작되었다. 대부분의 농부들은 모르몬교 교인이었다. 그들은 동부의 종교적 박해를 견디지 못하고, 모르몬교 지도자인 영(Brigham Young)을 따라서 서부로 들어왔고, 그레이트 솔트 호수(the Great Salt Lake) 근처의 계곡에서 그들만의 은둔처를 찾았다. 이렇게 해서 세워진 주가 바로 유타주(Utah)이다.

그러나 이 지역에는 물이 대단히 부족했기 때문에 농사가 쉽지 않았다. 그래서 그들은 높은 산의 계곡에서부터 물을 끌어와서 관개수로를 건설하고, 그 물을 두 개의 자연 호수인 유타 호(Utah Lake)와 베어 호(Bear Lake), 그리고 6개의 인공저장시설에 저장했다. 이 시설들은 유타주가 이용하는 전체 물 중 약 75%을 제공하고 있다. 그 후 이 지역은 계속 발전하여 100여 개 이상의 소도시가 생겨났고, 수많은 정원이 번성하고 있다.

7 서부해안 계곡 : 시련의 종착지

미국인들이 중서부를 넘어서 드디어 극서부로 이동하기 시작하면서 그들은 태평양 연안 지대에 큰 매혹을 느꼈다. 그러나 왜 미국인들은 동쪽에서 서쪽으로 이동하려고 했으며, 계속 서부개척을 시도했을까?

무엇보다도 서부에는 넓은 공간, 거의 공짜와 다름없는 토지가 있었다. 그들은 보다 더 자유로운 삶과 어떤 행운을 기대하면서 서쪽으로 이동했다. 미국의 프론티어는 사실 큰 기회와, 도전, 비옥한 땅을 제공하였으며 지속적인 서부개척은 결국 미국을 북아메리카 대륙의 주인으로 만들었다.

이 지역의 첫 번째 정착 지도자는 "우리는 이 위대한 계곡을 보고 환호하며 즐거워했습니다. 이 지역은 대단히 비옥했습니다"라고 말했다. 태평양 연안을 따라서 이어져 있는 이 계곡은 오늘날에도 여전히 관광객들의 탄성을 자아낸다. 계곡의 북쪽으로는 오리건 주의 삼림 관련 산업은 8만여 명의 일꾼들에게 직업을 제공했고, 좀 더 북쪽으로 올라가면, 워싱턴(Washington)주는 사과와 라즈베리를 생산하고, 어업을 발달시켰다. 이곳에서 유통되는 생선의 절반 이상이 연어이며, 연어 산업은 1980년을 기준으로 할 때, 85,000,000달러를 상회한다.

그러나 서부개척자들이 도착하기 훨씬 전에 이미 뉴잉글랜드의 선장과 상인들이 이미 태평양 연안 지대를 발견하고 이곳에 무역거래소를 만들었다. 보스톤이나 뉴욕에서 아메리카의 최남단 지역까지 배로 오려면 여러 달이 소요되었지만 그들은 결국 최남단의 케이프 혼(Cape Horn) 지역까지 항해에 성공했다. 이 지역의 탐험가들은 부자가 되었을 뿐만 아니라, 기름진 토양, 거대한 숲과 풍부한 어획량 등과 같은 정보를 제공했다. 이런 정보가 대륙을 통하여 천국과 같은 땅으로 개척자들이 몰려오게 된 요인이다.

1826년, 한 사냥꾼이 사우스패스(South Pass)로 통하는 길을 개척하자, 1843년까지 이 지역으로 대이주가 이루어졌다. 당시 그들의 이주가 시작된 길은 오리건 도로(the Oregon Trail)로 알려졌다. 오리건 도로는 미국 개척사에서 유명한 이주 도로로서 길이가 3,200km에 이르며, 미주리 강의 인디펜던스(Independence) 부근에서 시작되어, 초원지대, 대평원지대, 그리고 640km에 이르는 휘어진 산악지대의 도로를 지난다. 이주자들은 태평양 연안의 계곡 아래로 흐르는 강을 따라서 이동했던 것이다. 아주 건강한 성인 남자가 이 이주 도로를 일주하려면 약 4달이 걸렸다. 그러나 철도 건설이 이뤄진 오늘날에는 2-3일 정도밖에 걸리지 않는다.

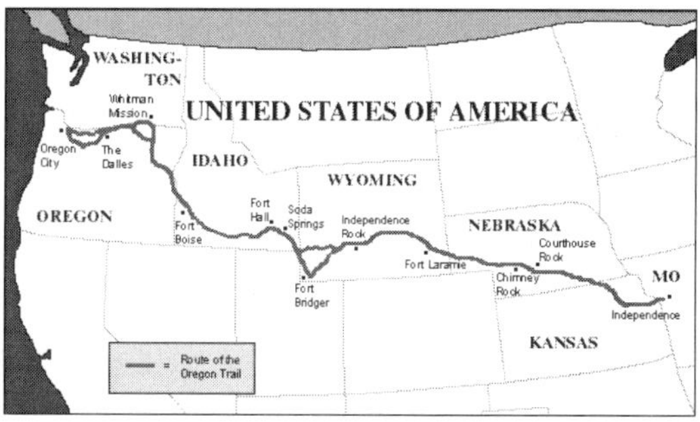

Oregon Trail

하지만 모든 개척자들이 그러했듯이, 이곳에 도착한 정착민의 삶도 처음에는 쉽지 않았다. 특히 겨울철에 내리는 폭우가 그들을 힘들게 했기 때문에, 이 문제를 해결하기 위하여 정착민들은 1936년 홍수 통제 계획을 세웠다. 오늘날 이 지역에는 11개의 댐이 건설되어, 윌래메트 강(Willamette River)의 범람과 홍수를 통제하고 있다. 여기서 발생한 전력은 또한, 농업기계, 제재소, 제철소, 그리고 다른 산업에 이용되고 있다.

8 새로운 주 : 얼음궁전과 낙원의 땅

8.1 알래스카

1959년, 미국인들은 알래스카(Alaska)가 미국의 49번째 주로 합병되는 것을 환영했다. 알래스카는 미국에서 가장 넓은 면적을 지닌 주이지만. 인구는 약 325,000명에 불과하다. 통계에 의하면, 대략 64만 헥타르만이 경작할 수 있다고 한다.

미국이 제정 러시아에서 알래스카 반도를 사들였을 때, 그곳은 대부분 빙하로 덮여 있었고, 북극곰이 사는 이 지역에 대해 사람들은 별로 흥미를 느끼지 않았다. 알래스카의 빙하는 땅속에 묻혀 있다. 이 지역은 5월 초에서 8월 초까지 해가 지지 않으며, 태양도 빙하로 이루어진 땅의 70cm 이상을 녹이지 못한다.

알래스카에는 섭씨 영하 43도까지 내려가는 지역도 있다. 해마다 강수량의 차이를 보이기는 하지만, 북쪽 지방에는 11미터 이상의 눈이 내릴 때도 있고, 알래스카의 남쪽에 있는 주도인 주노(Juneau)에는 2미터 이상의 강우가 내릴 때도 있다.

넓은 알래스카 반도는 세 개의 지역, 즉 북극, 중앙 알래스카,

본토 알래스카로 나뉜다. 현재 알래스카에는 미국에서 미개척지가 가장 많이 남아있으며, 미개척지는 야생동물 보호 지역으로 지정되어, 국립공원과 숲, 야생동물 보호지구가 연계하여 관리하고 있다.

북극 알래스카는 에스키모인의 고향이다. 에스키모는 몽골이나 시베리아 지역에서 베링 해협을 건너 알래스카로 이동했다고 한다. 알래스카에 처음으로 정착한 것은 남동부 지역의 인디언이다. 1896년, 이 지역에서 금이 발굴됨으로써, 수천 명의 미국인이 이곳으로 몰려왔고, 그 중 일부는 알래스카에 남아 정착하게 되었다.

에스키모인과 이글루

이 지역의 경제성장에 가장 크게 이바지한 것은 알래스카의 금보다는 알래스카 연안의 생선이며, 다음은 목재 및 목재펄프의 생산이다. 또한, 최근의 가장 중요한 자원은 석유다. 알래스카의 1,826km의 관로는 하루에 120만 배럴의 기름을 운반한다. 이외에도 이 지역은 석탄, 구리, 금 등과 같은 많은 광물의 보유고이기도 하다.

8.2 하와이

15-16세기에, 대담한 폴리네시아 항해자들은 태평양의 수천 킬로미터를 건너서 하와이(Hawaii)로 온 첫 번째 거주자로 간주된다.

유래에 따르면, 그들은 거의 아시아와 태평양의 나라들-일본, 필리핀, 중국 그리고 한국-과 연관이 있다. 반면에 인구의 6분의 1 정도만이 유럽이나 미국에서 왔다. 정치적으로, 1959년에 영토는 50번째 주로 승인되었다. 태평양에 있는 하와이에는 8개의 주요한 섬과 100개가 넘는 작은 섬들이 있다. 하와이가 열대지역에 자리 잡고 있기는 하지만, 연평균 기온은 약 24도정도로 기후는 온화하다.

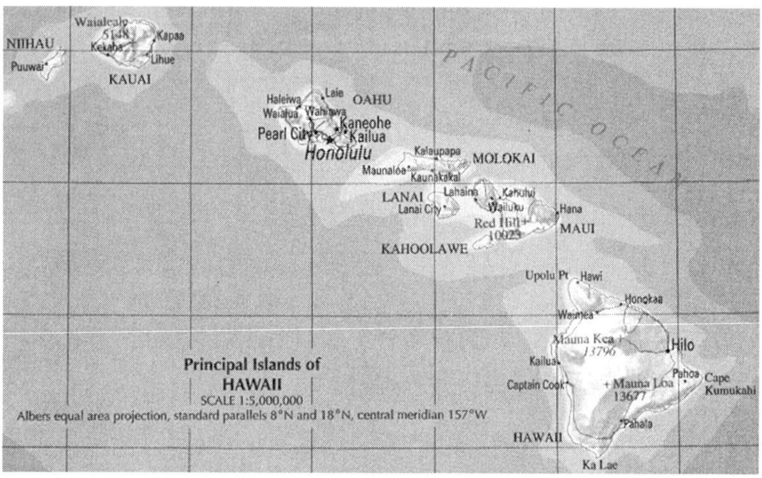

하와이 군도

가장 큰 섬인 하와이는 모든 다른 섬들을 합한 크기의 거의 두 배만 하다. 이곳에는 다섯 개의 유명한 화산이 있다. 모든 섬 중에 가장 잘 알려진 오아후(Oahu)는 세 번째로 큰 섬으로 다이아몬드 모양으로 생겼고 하와이 삶의 중심이다. 호노룰루(Honolulu)는 하와이의 수도이며, 가장 큰 도시로서 하와이 사람들의 반 이상이 살고 있다. 진주만(Pearl Harbor)은 이곳에서 약 11km 떨어져 있으며, 미국의 태평양 함대가 있는 곳이다. 오늘날 세계적인 관광객들이 즐겨 찾는 와이키키 해변은 호놀룰루에서 사화산인 다이아몬드 헤드(Diamond Head)까지 해안을 따라 펼쳐져 있다.

태평양에서 가장 바쁜 호놀룰루의 항구는 연 천대 이상의 배가 기항하는 항구이고 거의 매년 50만의 비행기가 들르는 국제적인 공항이다. 연간 약 226만 명의 사람이 이 섬을 방문하고 하와이의 연수입은 8억 9천만 달러에 달한다. 섬의 화산 토양은 매우 비옥하다. 하와이의 농부들은 세계에서 수입이 가장 높다. 연료로 쓸 만한 자원이 없고 황 이외에는 유용한 광물이 없지만, 많은 산업이 있다. 호놀룰루는 160개 이상의 제품들을 생산한다.

4. 미국 각 지역의 문화

개요

미국을 이야기할 때 유의해야 할 사실은 어느 특정 지역에 적용되는 문화적 양상이 다른 지역에는 전혀 적용되지 않는다는 점이다. 미국인들 중에서도 각 지역의 특성과 지역문화의 특색에 대해 알고 있는 사람은 드물다. 주민, 지역, 세대, 인종간의 다양성이 정치적, 사회적 중요성을 지니고 있다는 점도 알지 못한다. 미합중국이라는 이름이 주(state), 군(county), 시(city)라는 정치적 단위로서 통치를 위한 단위조직 이상의 의미를 지니고 있다. 달리 말하면 미합중국은 문화적 합중국이다.

역사적으로 볼 때 미국전역을 구분하는 일반적인 방법은 역사가인 프레드릭 터너(Frederick Jackson Turner)가 고안한 것으로 지형과 발전단계에 따라 남부와 북부, 동부와 서부로 구분한다. 근래 미국 지역을 구분하는 척도는 문화적 구분으로서 역사적인 경험과 주민들의 특성에 따라 나눈다.

기본적으로 미합중국은 4개의 중요지역으로 구분되는데 북동부, 남부, 중서부, 중북부와 서부이다. 그러나 각 지역의 문화와 역사적 특성을 보다 뚜렷하게 이해하기 위해서는 세분된 구역으로 나눌 필요가 있다. 그 이유는 초기 개척 정착민의 문화 특성을 고려하면서 20세기에 이르기까지 부단하게 지속되어온 이민과 각 지역의 산업적 특성을 살필 필요가 있기 때문이다. 따라서 대체적인 경향은 9개 지역으로 나누고 있다. 미국 원주민의 문화는 현대 미국의 문화 형성에는 큰 영향을 미치지는 못했다. 미국의 지역문화는 주로 유럽

이주민들이 지녔던 다양한 문화를 중심으로 아프리카계와 인디언적 요소가 약간 가미된 것에서 비롯된다. 미국을 북동부, 남부, 중서부, 서부, 그리고 하위 지역으로 나누는 관례는 미국인들의 사고에 큰 영향을 미쳤으며, 미국 문화와 사회를 폭넓게 이해하는 데 보다 효율적인 개념이 되었다.

미국의 각 지역들은 오랜 역사를 거치면서 안정되어온 여타 국가들에 비해 뚜렷한 특징이 드러나지 않는다. 왜냐하면 유럽인들이 미 대륙에 정착한 것은 비교적 근대사일뿐만 아니라 대중 매체, 대중문화, 현대화된 수송 수단의 광역화와 미국인들의 이동성향이 미국 문화의 동질화에 기여하기 때문이다.

1960년대의 미국문화의 특성은 급격한 도시화이다. 1980년대에 미국 문화의 특징은 후기 산업사회에 따른 지방 분권과 지역간 이질화의 추세이다. 역설적으로, 최근의 수송과 통신 기술의 발달은 산업기반, 정부기구, 문화단체들이 소도시와 농촌 지역으로 확산되는 것을 가능하게 했다. 미국인들은 문화의 유사성보다는 다양성을 강조하고 선호하는 국민이다. 최근 미국에서 문화의 지역주의가 확대되고 있다는 것은, 자연 보호, 에너지 사용, 개인의 취향, 문화 유산 등에 대한 지역주민들의 다양한 태도를 반영하는 것이다.

1 뉴잉글랜드

뉴잉글랜드(New England) 지역은 메인주(Maine)에서 메릴랜드(Maryland)주까지 걸쳐있고, 서쪽으로는 오하이오의 서부와 접경을 이룬다. 이 지역은 다른 지역과 비교했을 때 상당히 동일한 문화를 지닌 하나의 지역 단위이다. 이곳은 미국에서 가장 인구가 밀집

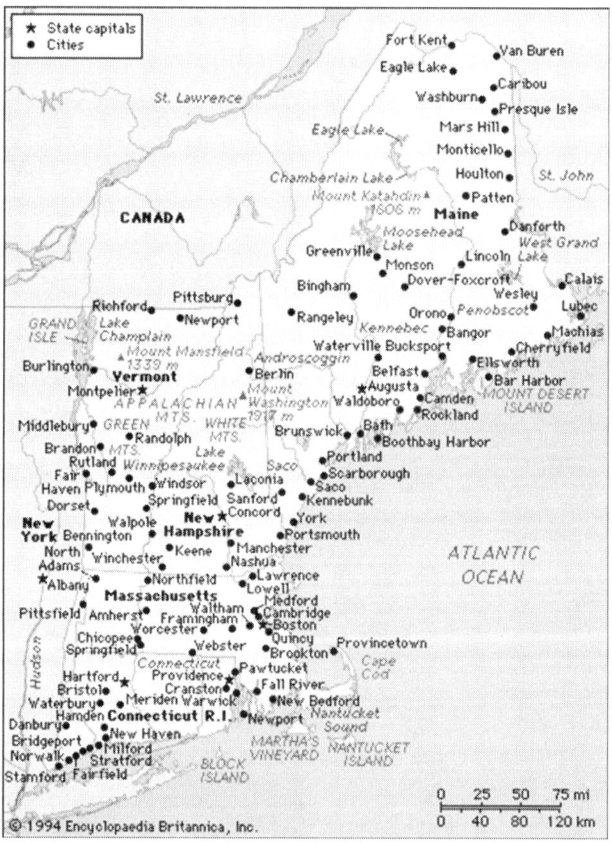

뉴잉글랜드

된 지역이며, 가장 도시화된 지역인 동시에, 제조업과 같은 이전의 산업 형태가 쇠퇴함으로써 많은 경제적인 문제를 안고 있고, 이에 따른 사회문제와 세금의 문제를 가지고 있는 지역이기도 하다. 그러나 뉴잉글랜드는 대서양 중부 연안에서 미국의 경제적이고 문화적 중심지인 것만은 사실이다.

뉴잉글랜드는 크게 두 지역으로 구분된다. 메인주와, 버몬트주(Vermont), 뉴햄프셔주(New Hampshire)을 포함하는 북부 지역과 매사추세츠주(Massachusetts), 코네티컷주(Connecticut)와 로드 아일랜드(Rhode Island)를 포함하는 남부 지역으로 나누어진다. 뉴 햄프셔주의 남쪽 지역이 종종 뉴잉글랜드의 남부 지역에 포함된다.

뉴잉글랜드의 남쪽 지역은 다른 지역에 비해 크기가 작고, 자연자원이나 인구도 많지 않음에도 문화적으로 상당히 중요성을 띤다. 이 지역에서 영국인들이 가장 먼저 도착했고 가장 많은 인구가 유입된 곳은 매사추세츠주이다. 매사추세츠주에서 초기 개척민들은 상당히 빠른 속도로 안정적인 공동체를 건설했고, 인구 증가도 빨랐다. 그래서 18세기와 19세기 뉴잉글랜드의 다른 지역뿐만 아니라, 대서양 중부 연안 지역, 그리고 중서부 북부 지역, 태평양 연안의 북서부 지역에 이르기까지 유럽인들이 정착하고 문화를 일구는데 많은 영향을 미쳤다. 따라서 이 지역은 앵글로 색슨의 문화 중심부 역할을 한다. 전통적 관점에 따르면 이곳은 "근면하고 성실하게 노동하면서 착하게 살면, 반드시 보상을 받는다"는 신념인 '청교도 노동 윤리'을 구현하는 지역이다.

1800년대, 뉴잉글랜드의 양키들은 처음에는 어부로서, 행상인으로서 유명했지만, 시간이 지나면서 쾌속 범선을 만들고, 나중에는 공장을 짓고, 공장 노동에 기반을 둔 산업화를 이룩했다. 최근에는 증기기관과 전기를 이용하게 되면서 이 지역에 많은 유럽 이민자들이 몰려들게 되었고, 핵발전소까지 건설하게 되었다. 근대화가 가속화되자 많은 자연자원을 필요로 하는 제조업 기반의 산업들은 자연 자원의 공급이 원활한 다른 지역으로 이동해갔고, 따라서 제조업 분야에서는 이 지역이 점점 경쟁력을 잃어갔다.

뉴잉글랜드의 가장 큰 장점은 교육에 있다고 할 수 있다. 17세기부터 건설되기 시작한 교육시설은 미국에서 가장 오랜 전통을 지니고 있다. 오늘날 뉴잉글랜드는 혁신적인 사업 방식과, 출판과 디자인, 그리고 하이 테크놀로지로 무장된 무기, 비행기, 엔진, 그리고 컴퓨터 산업의 선두 주자이다. 또한 이 지역은 관광 사업 역시 아주 발달해있다. 이것은 풍경이 대단히 아름다워서이기도 하겠지만, 독립전쟁이나 초기의 개척지와 같은 많은 역사적 명소들이 이 지역에 자리 잡고 있고, 미국을 빛나게 해준 많은 유명한 작가들의 집이 이 지역에 밀집해있기 때문이기도 하다.

뉴잉글랜드의 북부지역은 나무가 밀집한 산악지대로서 동부 해안에 있는 도시의 답답함에서 벗어나고자 하는 사람들에게 휴식을 제공할 수 있는 팬션과 같은 수익성 좋은 사업이 발달하고 있다.

2 뉴욕과 워싱턴 D.C

뉴욕의 맨해튼(Manhattan)은 5번가를 중심으로 동부와 서부로 나누어진다. 예를 들면 이스트 47번가(East 47th Street)는 5번가에서 시작하고, 웨스트 47번가(West 47th Street) 역시 5번가에서 시작된다. 또한, 맨해튼은 남부 맨해튼(Lower Manhattan, 다운타운)과 중부 맨해튼(Midtown), 그리고 북부 맨해튼(Upper Manhattan, 업타운)으로 나뉘고, 도로번호는 북쪽으로 갈수록 높아진다. 남부 맨해튼은 일반적으로 14번가 남부를 말하며, 중부 맨해튼은 14번가와 센트럴파크(Central Park) 사이의 지역을, 그리고 북부 맨해튼은 맨해튼 섬의 북부지역과 남부와 중부에 포함되지 않은 나머지 지역을 포함한다.

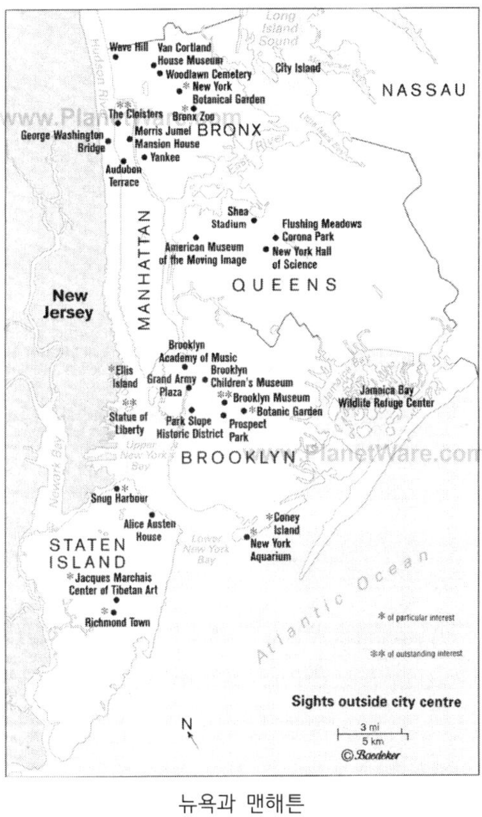

뉴욕과 맨해튼

"월스트리트"(Wall Street)가 왜 자본주의를 의미하는지 알기는 쉽다. 뉴욕 증권 거래소(The New York Stock Exchange)와 미국 증권 거래소(the American Stock Exchange)가 모두 월스트리트에 있고 그에 따라 많은 주식중개인, 투자은행 및 다른 은행들, 대기업들의 본사가 이곳에 있기 때문이다. 또한 정부의 유가증권을 구입하고 거래하는 유일한 지점이자 미국국립은행(National Bank of United State)의 지점인 연방준비은행(Federal Reserve Bank of New York) 역시 이곳에 있다.

맨해튼 정경

분주한 월스트리트를 벗어나고자 하는 사람들은 바로 옆의 사우스 스트리트 항구(South Street Seaport)를 방문할 수 있다. 이스트강(the East River)에 위치한 이 항구는 낮은 건물들로 이루어진 트인 공간으로 오래전에는 이스트강 속에 잠겨 있었다. 맨해튼은 고층빌딩 건설을 통해 계속해서 확장되었고, 주변의 바다를 매립하여 섬의 면적을 늘렸다.

항구에는 수많은 상가와 레스토랑뿐만 아니라 박물관도 있다. 이곳의 방문객은 오래된 고택과 선박, 그리고 조선소를 둘러볼 수 있는데 이는 뉴욕이 한때는 완전한 항구 도시였다는 것을 말해준다. 새벽 5시경에 항구에 있는 풀턴 수산 시장(Fulton Fish market)에 도착하면, 관광객은 도시의 레스토랑에서 생선을 사는 모습을 둘러볼 수 있다.

뉴욕시가 화려한 도시로 변모함에 따라서 이 섬은 콘크리트의 바다로 변모해버렸지만, 예외라고 할 만한 곳을 꼽자면, 센트럴파크(Central Park)이다. 도시의 한복판에 있는 이 거대한 공원은 1850년 조경건축가인 프레드릭 옴스테드(Frederic Law Olmsted)에 의해 설계되었다. 옴스테드는 이 공원이 부자와 가난한 자, 젊은이와 노인 모두를 위한 도시 속 낙원이 되기를 원했다. 그의 의도했던 바처럼 센트럴파크는 오늘날에도 여전히 도시의 허파로서 자리한다. 이곳의 방문객은 말과 마차를 이용할 수도 있고, 자전거를 타고 공원을 둘러볼 수도 있다. 그 외에도 이곳에는 여름마다 이벤트가 열리는 정원, 동물원, 스케이트장, 고풍스러운 잔치, 뱃놀이를 할 수 있는 호수 그리고 야외극장 등의 명소가 있다.

미국의 수도는 워싱턴 D.C.로서 오로지 연방정부를 위해 만들어진 세계 유일의 도시다. 1770년 의회는 새로운 수도를 "포토맥 강(Potomac River) 주변 지역"으로 지정하고자, 조지 워싱턴(George Washington) 대통령이 이 지역을 선택했다. 주위의 아름다운 자연환경과 함께 이 지역은 200년이 지난 지금까지도 수도로서의 그 기능을 잘 수행하고 있다.

조지 워싱턴은 수도의 건설을 프랑스 엔지니어인 랑팡(Pierre L' Infant)에게 맡겼고, 그는 프랑스의 파리나 동로마 제국의 수도인 콘스탄티노플보다 더 웅장한 국가 기념비와 넓은 광장, 그리고 수려한 풍경으로 둘러싸인 거대 도시를 건설하고자 했다. 그래서 워싱턴은 미국에 있는 다른 도시보다 규모가 훨씬 크다. 공식적으로는 거의 8천 에이커에 달하는 753개의 공원이 있고, 여섯 개의 대학 캠퍼스, 백악관, 국회의사당, 링컨 기념관, 케네디 센터, 제퍼슨 기념관, 국립미술관, 워싱턴 기념비, 국회 도서관, 자연사 박물관, 국립 항공 및 우주 박물관, 스미소니언 박물관(the Smithsonian

스미소니언 박물관

Museums), 알링턴 국립묘지, 국립 수목원, 워싱턴 대성당, 프란체스코 수도원이 있다.

워싱턴 D.C은 여러 가지 "모습들"을 지니고 있다. 국회 도서관에서 케네디센터(the Kennedy Center) 사이에 거대한 석조 건물이 있다. 펜실베니아 거리(Pennsylvania Avenue)의 북쪽은 상업지구로 사무실, 상점, 호텔 그리고 식당이 있으며 나머지 구역의 대부분은 주택지구이다. 야간에는 술집과 디스코장, 나이트클럽과 극장, 그리고 여러 문화행사를 즐길 수 있다. 그러나 정작 큰 규모의 공식 행사는 민간 주택이나 외국 대사관 등의 실내에서 이루어진다.

오늘날 워싱턴 D.C.는 매년 2천만 명 이상의 방문객들을 맞이하고 있고 그 숫자는 계속 증가하고 있다. 여행자들을 위한 최고의 조언은 '조금이라도 주위를 산책해보라' 이다. 사실 쇼핑몰 주변을 산책하는 것만으로도 이 지역의 규모에 얼마나 큰 지 쉽게 짐작할 수 있을 것이다. 또한 링컨 기념관은 역사적 명소일 뿐만 아니라, 관광객에게 쉼터와 명상의 장소를 제공한다. 쇼핑몰의 남쪽 지역을 경유하여 돌아오는 산책로에서 방문객은 스미소니언 박물관의 붉은 사암으로 된 "성"을 만날 수 있다. 이 미국의 다락방은 박물관, 기록보관소, 미술관, 출판소, 과학실험실, 동물원, 극장, 콘서트홀 등등의 부분으로 이루어져 있다.

워싱턴 D.C.에서는 모든 것이 국회의사당(the Capitol)과 관련되는 것으로 보인다. 도로는 국회의사당에서 시작되어 도시를 4개로 분할한다. 택시 요금조차 국회의사당이 있는 언덕에서부터 책정된다. 방문자가 국회의사당에서 쇼핑몰로 이어진 길을 따라 내려가서 가장 처음 접하게 되는 명소는 그랜트 장군 기념관(U.S. Grant

Memorial)과 국립 미술관이다. 워싱턴 기념탑은 이 지역에서 가장 만족스러운 건축물로서, 555피트, 5와 1/8인치 규모로, 세계에서 가장 높은 벽돌구조물이다. 링컨 기념관은 분수대의 반대편 다른 쪽 끝에 자리 잡고 있고, 케네디 센터는 1971년, 오페라 하우스와 콘서트홀로서 개장했고, 그 후에 더욱 다채로운 문화생활을 위해 극장이 추가되었다.

백악관은 미국에서 가장 잘 알려진 저택일 것이다. 백악관은 영국의 침공에 의해 검게 그을리게 되었었고, 국회에서 수리보다는 페인트칠을 다시 하는 것이 더 저렴하다고 판단하여 지금의 하얀색이 되었다. 이 중 이스트 룸(the East Room), 블루 룸(the Blue Room), 집무실, 다이닝 룸 그리고 링컨 침실이 가장 유명한 곳이다.

제퍼슨 시대의 백악관

지적 호기심이 있는 사람이라면 미국의 수도 워싱턴은 영원토록 매혹적이고 가장 광범위하면서도 즐거운 역사여행의 장소가 될 것이다.

3 대서양 연안 중부

미국의 대서양 연안 중부 지역(The Mid-Atlantic region)은 다양

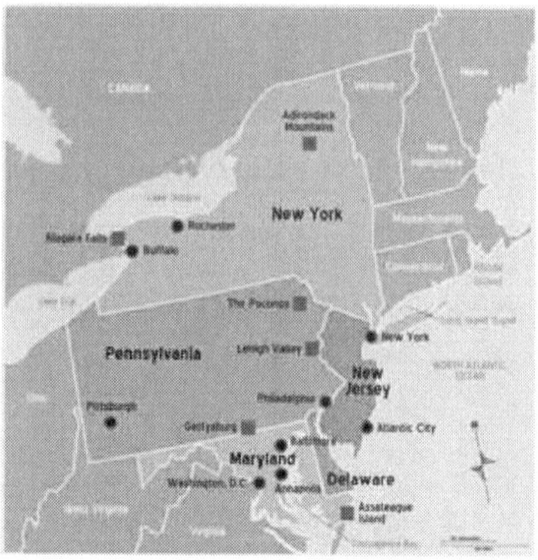

the Mid-Atlantic Region

한 유럽계 미국인이 사는 지역이다. 이곳은 미국이 독립하기 이전부터 다양한 종교가 섞여 있을 뿐만 아니라, 다양한 민족 집단과 여러 인종이 섞여서 독특한 문화를 형성한 곳이다. 다인종 문화를 형성한 이곳으로 많은 사람들이 모여들면서, 1,700년대에 이르자 무역이나, 제조업 등에 있어서 뉴잉글랜드 지역보다 훨씬 규모가 커졌다.

18세기에 들어서자, 이 지역의 지리적 이점을 활용하여, 무역과 운송업이 발전하면서 미국의 실질적 상공업의 허브 지역으로 발전하게 되었다. 이 지역의 해안선에 의해 자연적으로 형성된 항만 덕분에, 주요한 항구 도시들이 건설될 수 있었고, 해안가에 인접해있는 폭포는 값싼 수력 에너지로 활용할 수 있었다. 또한 이곳은 애팔래치아 산맥(the Appalachian Mountains)이 가로지르는 지역이라서 계곡과 골자기와 연결된 강과 만이 여러 곳에 있었다. 동부와 서부를 이어주는 교통망과 더불어 테크놀로지가 발달하면서 이 지역은 지속적으로 경제적 패권을 유지했다. 처음에는 도로가 뉴욕주의 서부, 펜실베니아, 오대호 등의 서부 개척 지역에 건설되었고, 그다음에는 운하가, 나중엔 철도가 차례로 건설되었다.

운하가 건설된 다음 10년 동안, 오하이오와 미시시피 강에서 뉴올리언즈(New Orleans)로 향했던 내륙의 전통적 운송 유형이 뉴욕으로 집중되기 시작했고, 이로써 뉴욕은 미국에서 가장 크고 생동

감 있는 도시가 되었고 현재까지 그렇게 남아있다.

나이아가라(Niagara) 폭포를 찾는 여행객은 전율감과 스릴을 찾아온 사람들과 신혼여행자들로 크게 두 종류로 나뉜다. 1859년 프랑스인 장 그라벨레(Jean F. Gravelet)가 처음으로 줄을 이용해 폭포를 건넜고, 1901년 용감한 학교 교사인 애니 테일러(Annie E. Taylor) 부인은 자신이 고안한 통 안에 고양이와 함께 들어가서 대못을 치게 한 후, 그 통을 나이아가라 폭포에 던지도록 함으로써 폭포를 건넜다. 전율을 즐기고자 온 여행객은 쉽게 이해할 수 있지만, 왜 이곳이 신혼부부들의 신혼여행 장소가 되었는지 알기는 어렵다. 매년 많은 신혼부부들이 미국과 캐나다 모두에 걸쳐 있는 나이아가라를 다녀갔다. 그들은 주로 '안개의 여인'(Maid of the Mist)이라는 배를 타고 폭포 속으로 들어간다.

4 남부

남북전쟁 기간에 남부연합(Confederacy)을 형성한 11개의 주가 전통적으로 남부라고 간주된다. 즉 버지니아(Virginia), 노스캐롤라이나(North Carolina)와 사우스캐롤라이나(South Carolina), 조지아(Georgia), 플로리다(Florida), 알라바마(Alabama), 미시시피(Mississippi), 루이지애나(Louisiana), 테네시(Tennessee), 알칸사스(Arkansas)와 켄터키(Kentucky)가 이에 해당한다. 그러나 남부가 동질적인 문화를 형성하고 있는 것은 아니다. 남부는 로랜드

(Lowland (or Deep) South)와 업랜드(Upland South)로 구분될 수 있다.

남부의 로랜드는 대서양 연안의 평원을 따라서 최초의 정착민들이 정착하면서 그 특성이 생겨났다. 최초 정착자는 경제적인 이유에서 이곳을 찾은 영국인들이다. 기후와 토양이 농업에 적합했고, 담배 농사와 벼농사, 사탕수수, 면화 등의 작물은 큰 이익을 남겼다. 그래서 이곳에는 대농장이 발달했고, 농업 노동자를 공급하기 위해서 대농장주들은 처음에는 계약 하인들을 유럽에서 데려왔지만, 나중에는 흑인 노예들로 노동력을 채웠다.

시민권 운동(Civil Rights Movement) 이후로 많은 흑인이 북부의 도시로 이동하기는 했지만, 이 지역의 주요 산업은 여전히 농업이다. 그러나 생산 작물은 더 다양화되어, 오늘날 담배와 면화뿐만 아니라, 오렌지와 같은 감귤류와, 견과류도 생산하고 있으며, 가금류, 육우 생산 농장도 생겨났다.

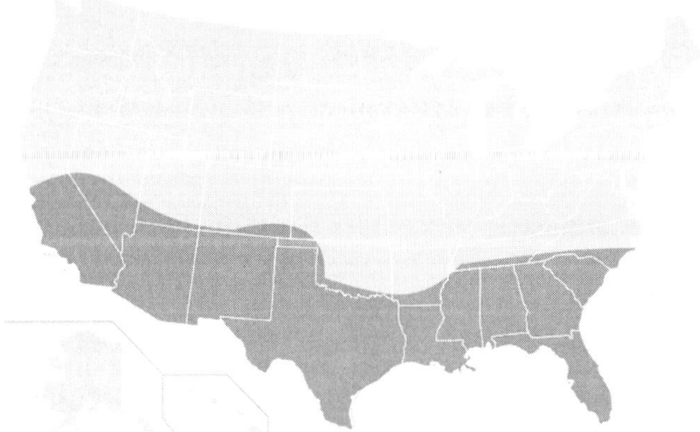

미국 선벨트 지대: 북위 37도 이남 지역

선 벨트(Sun Belt)의 동쪽 지역인 남부는 급속하게 도시화, 산업화 되었다. 버지니아주에서 조지아주까지 이 지역은 금융, 하이-테크, 미디어 산업이 발달하면서 인구가 증가하게 되었다.

흑인의 인권 신장 투쟁인 시민권운동은 오랫동안 지속하였다. 이 운동은 1950대부터 등장했으며 민권운동의 지도자들이 1955년 몽고메리 보이코트 사건(the Montgomery boycott)에서 부상했다. 몽고메리 보이코트란, 1955년 12월부터 이듬해 11월까지 미국 앨라배마주 몽고메리 시에서 운영하는 버스에서 인종차별에 저항한 운동으로, 흑인들이 흑백 분리주의의 철폐를 요구하며 버스 승차 거부 및 비폭력 시위를 벌였던 사건이다.

이 사건은 당시에는 알려지지 않았던 지도자인 마틴 루터 킹(Martin Luther King, Jr) 박사에 의해 조직화되어 비폭력 시위로 발전했다. 1960년대 중반까지 시민권운동은 전국적으로 주목을 받았을 뿐만 아니라 국회에서도 진지하게 논의되었다. 그러나 킹 박사와 다른 지도자들은 국회 주도의 변화가 충분하지 않으며, 인종 차별과 편견이 미국 전역에 퍼져 있고 흑인의 평균임금은 백인보다 훨씬 적다고 주장했다. 1968년 킹목사는 빈민 캠페인(Poor People's Campaign)을 조직했고, 같은 해 4월 4일, 테네시주의 멤피스(Memphis)에서 흑인 파업 운동을 지지하는 연설을 하다가 암살당했다.

최근의 통계에 의하면 남부인들은 다른 지역에 비해 교육 정도가 낮고, 좀 더 종교적이며, 보다 보수적이고, 구시대적이라고 한다.

미시시피 강은 의심할 여지없이 미국의 동부에서 가장 중요한 강이다. 길이가 2,300마일에 달하고, 미네소타주에서 멕시코만에까지 이른다. 미시시피강은 31개 주에 걸쳐있다. 강의 한쪽 끝에는 곰

이 눈 속에서 돌아다니고, 다른 쪽 끝에서는 햇볕 속에 드러누워 있는 악어를 발견할 수 있다.

1811년 미시시피강에 증기선이 다니기 시작했다. 증기선은 큰 성공을 거두었지만, 19세기 말, 철도가 건설되자, 미시시피 강이 담당했던 운송기능은 이제 철도가 담당하게 되었다. 그러나 상업적인 측면에서는 아니지만, 오늘날에도 여전히 미시시피강은 미국 문화에서 중요하다.

플로리다 주는 월트 디즈니 월드(Walt Disney World)로 유명한 곳이다. 이곳에서는 과거와 현재, 미래, 그리고 환상의 세계도 경험해볼 수 있다. 미래 탐험은 미래의 라이프 스타일, 에너지, 교통, 음식, 바다, 그리고 상상의 세계를 펼치는 것을 가능하게 한다. 그러나 플로리다는 월트 디즈니 월드 외에도 많은 것이 있다.

5 중서부

중서부는 오대호를 경계로 하는 주들과 미시시피 강 서쪽에 바로 인접해있는 미주리주(Missouri)와 캔자스(Kansas)주에서 부터 캐나다의 북쪽까지 걸쳐 있다. 오대호 주변의 주가 대단위의 제조업 단지를 포함하고 있기는 하지만, 농업 역시도 큰 비중을 차지한다.

중서부는 하나의 일관적인 지역으로 존재한다. 즉 가족 농장과 소도시의 중심지이기도 하고, 순진하고 고루하면서도 낙천적이지만, 여전히 미국 내 다른 지역의 극단적인 점을 중재시켜주는 도덕적,

사회적 중심지이기도 하다.

오대호 주변의 주들은 미국이 1783년 조약을 통해 얻은 북부 영토이다. 이곳은 애팔래치아산맥을 넘어서 초기 서부 개척이 시작된 땅이며, 뉴잉글랜드와 뉴욕 등의 대서양 중부 연안 지역, 그리고 남부 문화가 합쳐진 곳이다. 1860년이 돼서야, 중서부는 미국의 북동부 무역에 통합되었다. 특히 남북 전쟁 기간에 중서부는 미연방의 유지를 위해 할당된 양보다 더 많은 인원과 기금을 지원한 지역이기도 하다.

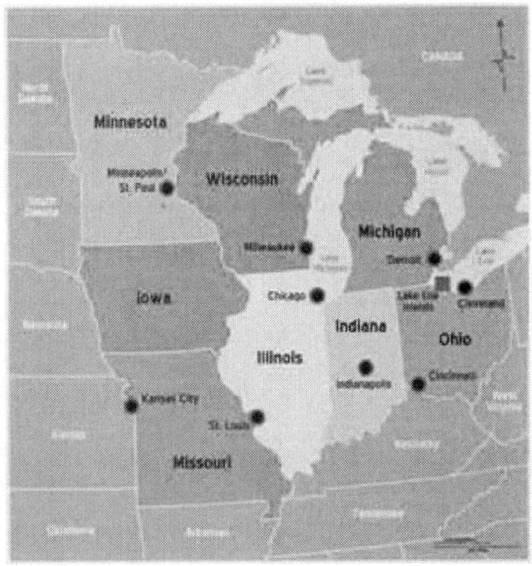

미국 중서부

1980년대 중서부의 산업 도시들은 경제의 회복과 환경 개선을 위해 커다란 노력을 기울였다. 오늘날 디트로이트(Detroit)에는 커다란 컨벤션 센터, 자동차 산업 단지가 있고, 특히 로봇 회사의 성장과 발전이 두드러진다. 한때 오염된 카이호가강(Cuyahoga River)의 폭발로 인해 평판이 나빴던 클리브랜드(Cleveland)는, 수질 개선 프로그램을 성공적으로 실행하여 강과 이리 호수(Lake Erie) 둘 모두를 살려내었다는 평가를 받고 있다.

미니애폴리스(Minneapolis)와 세인트 루이스(St Louis)는 서비스 산업의 중심지로 발전하여 미래의 직업을 창출함으로써 중서부 도시의 활기를 살려내는 데 기여했다. 이 지역의 가장 큰 도시인 시카고는 미시간호(Lake Michigan)로 흘러드는 시카고강의 하구에 자리를 잡고 있으며, 시카고 강은 시카고가 중서부의 생산품과 동부 시장 사이의 자연스러운 연결고리가 되었다. 따라서 시카고가 수많은 고층빌딩과 함께, 백만 이상의 대도시로 성장하는 것은 놀랄 것이 없다. 1990년 초의 불경기 때도 미국 내의 다른 주들보다 중서부는 더 빨리 회복되었다.

중서부 지역이 보수적이라고 간주하지만, 이 지역은 노예제도의 확장을 반대하고 링컨을 대통령으로 선출한 공화당의 생겨난 곳이기도 하다. 당시의 중서부는 미국 정부를 더 정직하고 효율적이고 민주적으로 만들려고 노력하는 진보운동의 중심지였다. 20세기에 미네소타(Minnesota)와 위스콘신(Wisconsin)은 특히 사회 개혁과 환경 개선에 앞장선 선구적 도시였다.

6 남서부

남서부 지역은 뉴멕시코주(New Mexico), 애리조나주(Arizona)와 텍사스주(Texas)의 서부에서 캘리포니아주(California)의 남부 지역에 이르기까지 비슷한 기후와 문화를 가진 지역이다. 이 지역은 미국이 1848년 멕시코와의 전쟁을 통해 획득한 땅으로써, 1945년 이전에는 초기 정착한 스페인계 멕시코인과 미국원주민 공동체가 대다수를 이루었지만, 1945년 이후, 각지에서 이 지역으로 많은 사람들이 유입되면서, 인디언과 멕시코, 앵글로 문화가 뒤섞여서 독특한 혼성 문화를 생성하게 되었다.

이곳 정착자들의 삶은 쉽지 않았다. 우선, 이 지역은 나무가 거의 없는 평원지대였기 때문에, 정착민들은 흙을 다져서 만든 잔디로 집을 세웠다. 잔디에는 거친 뿌리가 섞여 있어 벽돌로 만들기가 대단히 어렵고, 잔디 집을 말끔하게 유지하기가 쉽지 않았다. 건조한 기후나 폭풍우, 갑자기 떼를 지어 나타나는 곤충의 침입 등과 같은 자연재해는 농사를 망치기 일쑤였다. 특히 메뚜기 떼의 공격은 하루 만에 전체 농지를 망쳐버리기도 했다.

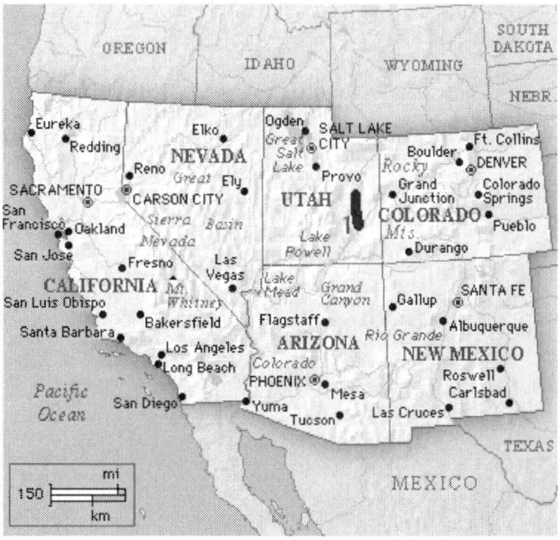

미국 남서부

초기에는 소와 양을 사육하는 목장이 지역 경제를 떠받쳤지만, 콜로라도 강이나 리오그란데 강을 이용하여 댐을 건설하고, 우물을 깊이 파서 지하수를 끌어올림으로써, 남서부의 사막 지대는 농지로 변했고, 피닉스(Phoenix, 애리조나주의 주도)나 앨버커키(Albuquerque, 미국 뉴멕시코주의 도시)와 같은 대도시가 생겨났다. 따뜻하고 건조한 기후는 특히 호흡기 질환이 있는 사람들이 살기 좋은 곳이며, 이 지역의 전자, 항공, 우주, 군장비 회사들은 많은 일자리를 창출한다. 또한 이 지역의 광산업과 석유산업은 많은 자본의 투자와 일자리를 제공하는 반면, 그랜드 캐니언(Grand Canyon)과 같은 화려한 자연명소와 원주민, 히스패닉, 앵글로 문화가 다양하게 공존하는 문화는 이 지역을 수많은 관광객이 찾는 관광명소로 만든다.

텍사스주를 가장 잘 설명해주는 형용사는 "큼직함"(Big)이다. 실제로 텍사스 목장 하나가 로드아일랜드주(Rhode Island)보다 더 크다. 텍사스주는 독특한 역사를 가지고 있다. 1836년 멕시코에서 독립하고서, 미국에 합병되기 전까지, 텍사스주는 거의 10년 동안은 하나의 독립국으로 존재했었다. 또한 텍사스는 미국 서부의 영웅인 카우보이들의 고향이다. 그리고 텍사스의 음식문화는 멕시코 요리의 영향을 많이 받았다. "텍스 멕스"(Tex-Mex)라고 불리는 요리는, 그 어원이 의미하는 바처럼, 고추나 후추를 많이 사용하기 때문에, 대단히 맵다.

남서부지역은 뉴멕시코주, 애리조나주와 텍사스주의 서부에서 캘리포니아주의 남부 지역에 이르기까지 비슷한 기후와 문화를 가진 지역이다. 이 지역은 미국이 1848년 멕시코와의 전쟁을 통해 획득한 땅으로써, 1945년 이전에는 초기 정착한 스페인계 멕시코인과 미국원주민 공동체가 대다수를 이루었지만, 1945년 이후, 각지에서 이 지역으로 많은 사람들이 유입되면서, 인디언과 멕시코, 앵글로 문화가 뒤섞여서 독특한 혼성 문화를 생성하게 되었다.

라스베이거스(Las Vegas)는 미국 도박의 중심지이다. 라스베이거스의 이름이 "돈을 잃다"라는 말에서 유래하였다고 말하는 사람도 있지만, 사실은 초기 정착민들이 이 지역을 '초원'을 의미하는 스페인 어, 즉 라스베이거스라고 명명하면서 생겨난 호칭이다. 현재, 라스베이거스는 현란한 네온사인으로 가득 찬 오아시스 지대로서, 수많은 호텔과 카지노 도박장의 휘황찬란한 불빛 때문에, '불빛의 도시'라는 별명으로 불리기도 한다.

그랜드 캐니언은 애리조나의 고원 사이로 거대한 콜로라도 강의 물결이 만들어낸 작품이다. 이 환상적인 협곡의 길이는 277마일이며 깊이는 1마일 정도로서, 그 풍경은 거대한 바위산에 형성되어 있는

The Grand Canyon

황금색, 핑크색과 보라색의 띠 모양의 지층은 거의 전율을 일으킨다. 이곳의 일부 지층은 1억 7천만 년 이상 되었으며, 20억 년 이상 된 바위도 있다.

그랜드 캐년은 애리조나의 고원 사이로 거대한 콜로라도 강의 물결이 만들어낸 작품이다. 이 환상적인 협곡의 길이는 277마일이며 깊이는 1마일 정도로서, 그 풍경은 거대한 바위산에 형성되어 있는 황금색, 핑크색과 보라색의 띠 모양의 지층은 거의 전율을 일으킨다. 이곳의 일부 지층은 1억 7천만 년 이상 되었으며, 20억 년 이상 된 바위도 있다.

7 록키산맥 지역

록키산맥 지역에는 대평원과 사막이 있다. 이 지역에서 지리적으로 가장 특징적인 곳이 바로 로키 산맥이다. 록키산맥은 알래스카에

서 북부 멕시코까지 뻗어 있고, 여기서 뻗어나가는 작은 산맥도 포함한다. 록키산맥은 네바다(Nevada), 유타(Utah), 콜로라도(Colorado), 와이오밍(Wyoming), 몬태나(Montana) 그리고 아이다호(Idaho)까지 뻗어 있다.

연방정부가 네바다의 5분의 4, 유타의 3분의 2 그리고 와이오밍의 절반 정도, 이 지역에 속한 나머지 주들의 일부 지역을 소유하고 있기 때문에 록키산맥이 걸쳐져 있는 지역에서 연방정부가 담당하는 역할이 대단히 크다. 민간단체에게 연방토지를 임대차하는 것이나 용지, 비행장의 점검 그리고 교육 및 연구센터 등에 대해서 연방 정부가 결정권을 지닌다. 오랜 기간 이 지역에서 살던 주민들은 지역 자원에 대해 그들이 통제권을 가지지 못하는 것에 실망한다. 그래서 북미원주민 단체와 정부 관료들은 이러한 자원들이 어떻게 사용되어야 하는지에 대해 여전히 논쟁하고 있다.

록키산맥 지역

록키산맥이 보유한 풍부한 광물 자원이 지역 경제를 떠받치고 있다. 금과 은의 발굴 덕분에 많은 이민자가 모여들어서 만들어진 도시가 덴버(Denver)이다. 광산업은 외부의 투자, 교통 인프라 그리고 기타 도시지역에 대한 재정적인 기반 사업이 되었다. 광산 이외에 이 지역은 유목과 임업이 활성화되어 있다. 왜냐하면, 농업이나 다른 산업은 진귀한 금속만큼 값이 비싼 관개 수로가 있어야 하기 때문이다.

미국 콜로라도 주의 주도인 덴버(Denver)는 거의 정확하게 해수면보다 1마일이 높아서 '1마일 높이의 도시'("One Mile High city")라는 별명을 얻었다. 높은 고도에 익숙해지지 않는다면 이곳에서 호흡이 쉽지 않다. 덴버의 동쪽으로는 광활한 평원이 있고, 서쪽으로는 산맥지대가 이어진다. 주위에 큰 도시가 없어 덴버 시민은 고립되어 있고 자급자족 의식이 강하다. 지난 30년에 걸쳐, 덴버는 금융의 중심이며, 에너지 회사, 전등 제조업 그리고 육우 사업을 성장시켜왔다.

솔트레이크시티(Salt Lake City)는 대분지(the Great Basin)에 있는 모르몬교의 중심지이다. 1830년, 조셉 스미스(Joseph Smith)는 6명의 지지자를 이끌고 모르몬 교회를 세웠다. 스미스가 죽고 나서 모르몬의 새 지도자 브리검 영은 1,000마일 정도 떨어진 곳으로 이동하기로 했다. 이곳이 지금의 유타주의 그레이트솔트 호(Great Salt Lake) 계곡이다. 그러나 거의 사막인 이 지역을 개발함으로써 오늘날 이곳에는 전 세계에서 모여든 300만 명 이상의 모르몬교인들이 살고 있다. 그래서 미국의 다른 어떤 곳보다 훨씬 동질적이고 공동체적이다. 오늘날 이 지역은 광산과 관개 농업뿐만 아니라 컴퓨터 소프트웨어와 기술에서도 전문적 기술을 가지고 번창하고 있다.

록키산맥 주변의 주에서 관광산업의 중요성을 간과할 수는 없다. 특히 옐로스톤 공원(Yellowstone Park)과 같은 황야의 웅장한 자연경관은 대단히 아름답다. 이 지역의 최초의 백인 탐험가는 모피 사냥꾼인 존 코터(John Colter)였다. 국회는 투표를 통해 옐로스톤을 미국 최초의 국립공원으로 지정하였다. 이곳은 물에 황성분이 포함되어 있어서 바위가 누렇기 때문에 옐로스톤이란 이름이 붙여졌다. 뜨거운 지하수를 하늘 높이 내뿜는 많은 수의 간헐온천을 비롯한 여러 가지 종류의 온천들이 1만여 개나 있으며 그 가운데 70분마다 뜨거운 물을 분출하는 올드 페이스풀(Old Faithful)이 가장 유명하다.

8 태평양연안 북서지역과 알래스카

미국 태평양연안 북서부 지역은 아름다운 자연경관으로 유명하다. 오리건주(Oregon)와 워싱턴주(Washington)주의 자연경관이 문명의 손길에 의해 많이 다듬어졌다면, 알래스카(Alaska)는 야생 그대로의 자연을 맛볼 수 있는 곳이다. 이곳에는 많은 산과 산림, 그리고 울퉁불퉁한 해안선이 있다. 사람들은 이곳에서 많은 야외활동을 즐긴다.

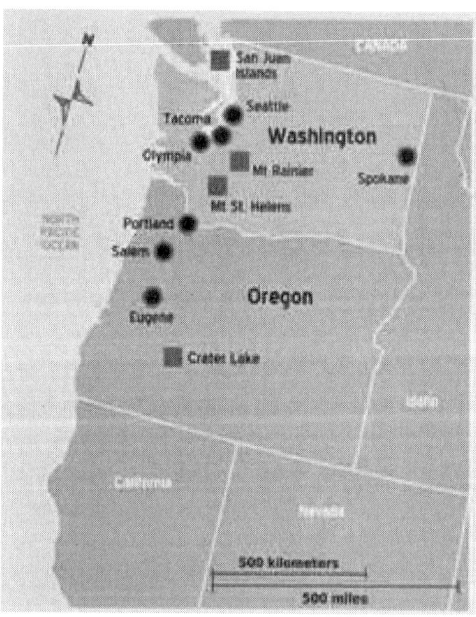

미국 태평양연안 북서부 지역

우선 시애틀(Seattle)은 미국의 본토에서 가장 많이 떨어져 있어서 큰 발전이 기대되는 곳은 아니었다. 그러나 시애틀 시민은 이곳을 새로운 뉴욕으로 개발하고자 했다. 1897의 어느 날, 알래스카에서 금이 발견된 후, 금을 찾아서 알래스카에 온 사람들이 시애틀에 정착했다. 골드 러시 덕분으로 시애틀은 부자 도시가 되었다.

지난 30년간 워싱턴과 오리건의 주 정부가 환경을 보호하기 위해 개발을 제한하고 생태적 기능이 손실되지 않도록 기반시설들을 재조정해왔다. 풍부한 천연자원을 자랑하는 태평양연안 북서부 지역의 목표는 하이-테크 산업뿐만 아니라, 농업과 산림 산업, 관광사업 등에 기반을 둔 경제를 활성화하면서도 동시에 전통적 생활양식과 환경을 보전하는 것이다.

알래스카는 다르다. 알래스카인들은 미국 본토를 알래스카를 제외한 '미국 대륙의 나머지 48주'라는 뜻의 "로어 48"(Lower 48)이라고 부른다. 알래스카의 크기는 텍사스주의 두 배이다. 알래스카의 2/3는 북극 지대에 위치한다. 이 지역의 기온은 화씨 영하 80도로 땅은 얼음으로 뒤덮여 있다.

알래스카의 역사는 이곳의 자원을 개발하기 위해 온 사람들과 전통적인 삶을 유지하기를 원하는 사람들 간의 갈등으로 점철된다. 알래스카가 미국의 주로 편입된 것은 1959년이며, 정착자들과 원주민들은 주로 어업, 사냥, 벌목으로 생계를 이어왔다. 1867년, 미국이 러시아로부터 미화 720만 불에 알래스카를 사들였을 때, 이곳은 물개 모피와 연어밖에 생산되지 않는 값비싼 러시아산 아이스박스에 불과했다.

50년대와 60년대에 알래스카는 복잡하고 오염된 도시를 피해서 한적한 삶을 즐기기를 원하는 이민자들을 받아들였다. 그러나 아이러니하게도 1960년대의 알래스카에 엄청난 석유가 매장되어 있다는 소식이 이내 "텅 빈" 땅에 대한 관심을 고조시켰고, 환경 보존과 석유 채굴권을 둘러싼 논쟁과 협상이 알래스카의 역사에서 가장 중요하게 되었다. 원주민들이 보상으로 받은 돈과 광활한 영토는 그들에게 새로운 위상을 부여했고, 지역 내 총생산이 대단히 높은 지역 중의 하나가 되었다.

석유개발의 결과는 급속한 인구증가를 가져왔고 1990년이 되면서 50만을 넘어서게 되었다. 알래스카의 일인당 소득이 미국에서 가장 높기는 했지만, 동시에 실업률도 가장 높을 정도로 알래스카의 취업률은 안정적이지 않았다. 또한 엑손사의 유조선인 엑손 발데즈(Exxon Valdez)가 1989년 3월 24일 알래스카 해협에서 좌초하면서 174만9만 킬로리터의 원유를 유출시켜 환경 대재앙을 일으켰다. 환경론자와, 어업과 관광산업 및 원주민과 시민이 연합하여 환경을 복원하고자 했지만 완전한 복원은 쉽지 않았다.

9 캘리포니아와 하와이

캘리포니아주

태평양 연안에 유럽인이 정착한 것은 캘리포니아에 스페인 선교사가 정착하면서 시작되었다. 해안 지역에는 1849년의 골드러시(the Gold Rush) 때문에 상당히 많은 인구가 살고 있었고, 내륙의 서부 지역보다 훨씬 더 가치 있는 땅으로 간주되었다. 많은 사람들은 캘리포니아주가 아메리칸 드림을 상징하며, 성공의 기회가 열려 있는 땅인 동시에 그들이 원하는 것을 이룰 수 있는 주라고 생각한다. 캘리포니아 주에서 가장 큰 두 도시인 로스앤젤레스와 샌프란시스코는 많은 소수민족이 살지만 아시아계와 라틴계가 가장 많다.

Redwood trees

캘리포니아주는 어떤 곳인가? 명백히 북쪽 록키산맥 해안지대는 남부 캘리포니아 지방의 모래 해안가와는 매우 다르듯이, 캘리포니아주는 지역별 차이가 크다. 삼나무라고 알려진 레드우드(Redwood trees)는 캘리포니아 북부에서 자라지만, 죽음의 계곡이라고 알려진 데스 밸리(Death Valley)는 가장 덟고 가장 건조한 지역이다. 북부 지역은 오히려 오리건주(Oregon)와 더 비슷하고, 남부지역은 멕시코와 더 비슷하다. 주민들의 라이프 스타일도 지역에 따라 다르다. 북부 지역 주민들은 좀 더 속물적이고 질투가 많지만, 남부 지역 주민들은 좀 더 피상적이고 물질주의 지향적이다. 따라서 캘리포니아는 두 개의 독립된 지역이 하나의 주를 이룬다고 말하는 편이 더 맞을 것이다.

금광을 찾아 몰려든 골드러시의 물결 덕분에, 샌프란시스코(San Francisco) 지역은 이 지역에서 가장 먼저 빠른 성장을 이루었다. 1870년에 샌프란시스코는 이미 산업화된 메트로폴리스로 성장했고, 미국 동부와 비교해서도 충분히 경쟁력있는 상품을 생산해내고 있었다. 따라서 샌프란시스코는 이 지역의 허브 도시로서 세계 유수의 대학이 위치한 버클리(Berkeley)와 산업화된 오클랜드(Oakland), 실리콘밸리 복합단지(the Silicon Valley complex), 스탠포드대학(Stanford University)과 나파 밸리의 와인지대(the Napa Valley wine district)를 포함한다.

로스앤젤레스(Los Angeles) 지역은 1885년 건설된 대륙횡단열차의 종착역이 되면서 인구가 급격히 증가하고 도시화를 이루었다. LA 광역시는 고속도로와 연결되어 있어서 자동차뿐만 아니라, 자동차 팩스, 카폰(car phones) 등 자동차 문화가 발달했고, 제조업, 무역, 금융, 우주산업, 석유 등의 중심지가 되었다. 또한 이곳에는 엔터테인먼트 산업과 관광산업도 활성화되어, 많은 클럽과 레스토랑, 의류를 포함한 여러 종류의 쇼핑몰, 그리고 주스 바(juice bars) 등을 찾아볼 수 있다. 유흥가가 발달해있기 때문에 LA는 범죄와 폭력, 그리고 마약과 같은 심각한 사회문제들이 많이 발생하기도 한다.

할리우드(Hollywood)는 한때 미국 영화 산업의 메카였다. 이곳은 기후도 좋고, 풍경이 아름다운 곳이 많아, 일년 내내 영화를 촬영하기에 완벽한 장소다. 유명한 영화 배우와 글래머한 스타를 만날 것을 기대하고 할리우드를 방문한다면 실망스러울 지도 모르지만, 할리우드의 분위기를 느껴보고자 한다면 그 가치를 충분히 증명해 보일 것이다.

하와이(Hawaii)는 8개의 화산섬으로 구성되어 있으며, 각 섬과 섬 사이의 거리를 상당히 멀다. 가장 가까운 섬이 2,500 마일 정도 떨어져 있다. 서기 300년경, 고대 폴리네시아인들이 하와이로 이주해오면서 하와이의 역사가 시작되었으며, 1778년 영국 탐험가 제임스 쿡(James Cook)이 하와이를 처음 발견함으로써 서구와의 접

촉이 시작되었다. 그 이후로 개신교 선교사들이 하와이에 상륙함으로써 큰 변화를 겪는데 선교사들이 원주민 문화를 인정하지 않았기 때문이다. 서구 문화와 교류가 시작되자, 하와이에서는 찾아볼 수 없었던 나병이 이 지역 전역으로 퍼짐으로써 하와이의 인구는 1860년에 30만 명에서 10만 명 이하로 줄어들었다. 이곳에 온 외국인 정착자들은 큰 규모의 사탕수수농장을 건설했고, 농장 노동력은 주로 아시아계 이주민들로 충당하였다. 1941년 12월 일본인들이 진주만 해군 기지를 공격함으로써, 이곳은 2차대전의 시발점이 되었다. 1959년 하와이는 미국의 50번째 주가 되었다.

오늘날 관광사업이 하와이 GNP의 30% 정도를 차지한다. 관광객들은 전 세계의 모든 지역에서 몰려들지만, 특히 미국 본토 관광객과 일본 관광객이 많다. 하와이의 농산물은 설탕, 파인애플, 마카다미아 너트(Macadamia Nut)과 커피가 있다. 오늘날 하와이인은 일본계, 중국계, 필리핀계와 미국본토 이주민들로 구성된다. 순수 하와이 원주민은 1%도 되지 않는다. 그러나 하와이 문화는 여러 민족 문화들이 섞여 있지만, 특히 동서양 문화가 서로 만나서 혼합된 미국에서 몇 안 되는 지역이기도 하다.

5. 미국 헌법

개요

미국 헌법은 단순히 호기심의 대상이라는 수준을 넘어 역사적 사료의 가치를 지닌다. 왜냐하면 미국헌법은 국가가 위기에 처했을 때 국가 통치자인 대통령에 의해 수행되는 강력한 통치력을 반영하기 때문이다.

미국 헌법은 자유를 수호하기 위한 미국독립이 거둔 최종적인 결실이라고 할 수 있다. 국민은 자유와 권리가 부인될 때 저항할 권리가 있다. 실제 영국과의 전쟁은 미국독립 과정의 일부분일 따름이다. 그 과정에서 식민지정부형태를 거부하는 한편 다른 형태의 정부를 수립할 필요성이 대두되었다. 이에 따라 미국국민들은 공화정치체제를 선택하였고 공화제의 정치구조는 헌법조문에 명문화되었다.

헌법상의 정부구조는 제한된 권력구조이다. 헌법은 주정부로 이루어진 느슨한 연합형태를 공화제, 연방제, 권력의 분할, 견제와 균형을 도모하는 강력한 연방정부로 바꾸었다. 공화제는 권력이 국민에게 있고 선출된 대표에 의해 수행되는 정부형태를 뜻한다. 연방제는 중앙정부와 주정부간의 권력구분만을 의미하지만 주정부에 우선하여 중앙정부가 중요한 권력을 행사함을 의미한다. 권력의 분할은 연방정부 내에서 입법, 행정, 사법으로 구분되는 것을 말한다.

헌법이 지닌 제한점은 미국인이 수호하기 위해 투쟁하는 개인의 자유를 모두 열거하지 못한다는 점이다. 헌법이 비준될 때 기본정신도 권리장전(Bill of Right)이었다. 10개의 수정조항은 정치활동

보장, 개인의 신앙심 존중, 사생활의 보호가 포함되며 범죄수사에서 정부의 월권행위를 제한하는 것이 포함된다.

헌법은 질서와 자유간의 균형을 촉구한다. 권력의 견제와 균형을 준수하는 정부는 민주주의라는 도전적 모델로서 이상적인 형태이다. 헌법을 기초한 입법가들은 연방정부와 주정부간의 권력적 균형을 추구하였다. 헌법이 제정된 이전과 이후 발생한 숱한 전쟁과 정쟁(政爭)을 통하여 미흡한 점을 보완해 오는 동안 헌법은 미국을 세계의 가장 민주적인 국가로 건설하는 초석이 되었다.

1 미국 공화국의 토대

미국 헌법은 미국 중앙 정부 기구이다. 200년 동안 헌법은 정부 제도의 변천을 이룩해왔으며, 정치적 안정, 개인의 자유, 경제 성장 및 사회 발전의 기초를 제공했다. 미국 헌법은 세계에서 가장 오래된 성문 헌법으로, 전 세계의 많은 헌법의 모델이기도 하다. 미국 헌법은 미국 독립 당시의 13개 주의 4백만 주민의 질서와 통치 질서의 수립하기 위하여 기본 틀을 만들고, 기본 조항을 수립함으로써 시작되었지만, 이제는 50개 주 이상에서 2억 4천명 이상의 인구가 요구하는 헌법 체계가 되었다.

Thomas Jefferson

그러나 헌법을 수립하기는 쉽지 않았다. 헌법 초안은 1787년에 만들어졌지만, 이것은 1776년 독립선언서에 기초를 둔 것이다. 영국과의 독립전쟁은 시작되고, 전쟁이 6년 이상 지속하자, 식민지 의회는 1777년 "연합헌장"(Articles of Confederation and Perpetual Union)을 채택했고, 1778년 7월에 정식으로 서명했으며, 1781년 3월, 13개 주가 메릴랜드에서 비준하였다.

연합헌장은 분리되어 있었던 13개 주 사이의 연합을 위해 고안되었고, 연방정부를 출범시켰다. 처음에 연방정부의 권한은 아주 제한되어 있었지만, 국방, 국가의 재정과 무역 등 연방의 중요한 문제를 각 주의 법률과 상관없이 처리할 수 있었다. 미국 헌법이 원래 국가의 안정이나, 강력한 국가의 건설을 위해 제정된 것은 아니었기 때문에, 제정 후 6년이 지나기 전에 연합헌장의 약점이 드러났다. 영국으로부터 독립을 쟁취하고서, 미국은 정치, 경제적인 면에서 모두 혼돈 상태에 있었다. 제1대 대통령인 조지 워싱턴(George Washington)이 "13개 주의 연합은 오로지 모래성에 불과하다"("the 13 states were united only by a rope of sand)고 말했을 정도였다.

헌법의 목적은 국민의 의지를 직접 반영하는, 강력한 대의 정부를 창출하는 것이다. '자치'(self-government)의 개념이 미국에서 기원했다고 볼 수는 없지만, 미국 헌법의 정신은 전 세계의 다른 어떤 정부 형태와 비교해도 독특하고 혁명적이었다. 헌법은 주와 주 사이의 관계 정립을 위한 폭넓은 권한을 가진 강력한 연방정부를 수립했을 뿐만 아니라, 연방정부에 외교와 국방 등의 분야에서 강한 권한을 부여했다.

그러나 중앙집권화는 모든 미국인의 동의를 얻기는 어려웠다. 특히 종교적 정치적 억압을 피해서 미국에 정착한 다수의 유럽 이민자들은 미국 정부의 중앙집권화에 반대했다. 그들에게 중앙집권 체계는 개인의 자유를 억압하는 유럽 정권과 별로 다르지 않았다. 미국의 정착자들에게 무엇보다 중요한 것은 개인의 자유였기 때문에 정부 권력이 개인의 자유를 침해할 수 있다는 사실에 대단히 민감하게 반응했다. 따라서 그들은 중앙 정부에 강력한 권한을 부여하는 것을 두려워했고, 특히 로드 아일랜드(Rhode Island)는 시민의 권리가 침해받을 우려가 있다는 이유로 필라델피아로 대표자 파견을 거부하기도 했다.

과거 2세기 동안 미국인의 다양성은 증가했지만, 통합된 국가로서의 위상은 더욱 높아졌다. 독립 당시 대서양 해변의 13개 주의 연합에 불과했던 미국은 서부개척기를 지나면서 50개의 주를 거느린 대국이 되었다. 19세기부터 20세기까지 지속한 끝없는 이민자의 행렬 덕분에 미국문화는 그들의 다양한 문화유산과 기술력을 흡수하며 빠른 성장을 이룩했다. 인구는 증가했고, 영토가 확장되었다. 그리고 광대한 천연자원이 발굴되었고, 젊은 미국은 다양성 그 자체를 미국의 독특한 문화로 만들면서 빠른 속도로 성장했다.

모든 국민의 기본권을 보장하면서 동시에 다양한 문화를 아우를 수 있도록 공통의 기반을 창출하는 것이 연방 정부와 헌법 입안자들이 지속적으로 해야 할 일이었다. 1781년 13개주의 연방이 제정한 최초의 헌법인 연방 규약(Articles of Confederation)이 연방정부를 세웠지만, 당시 연방제란 13개 주를 통칭하는 이름일 뿐이었다. 독립선언서가 작성되고 독립이 선언되기 오래전부터 13개의 주는 이미 각각의 대의 정부를 조직하고 있었고, 주의회가 선출하는 주지사도 있었다. 그리고 입법부 자체는 인민의 투표에 의해 선출되었다.

헌법은 현재뿐만 아니라 미래에도 실효성이 있도록 제정되어야 한다. 정부 체계는 당대뿐만 아니라 새로이 태어날 후세를 위한 것이기도 하다. 따라서 헌법제정위원회는 헌법을 사회적, 정치적, 경제적 조건에 따라 필요하면 헌법 개정이 가능하도록 하고, 총 26개의 개정조문(Amendment to Constitution)을 통과시켰다. 따라서 미국 헌법의 가장 큰 장점은 유연성이라고 할 수 있다. 헌법의 유연성이 없다면, 200년 전에 작성된 헌법 초안이 오늘날 2억 4천 명이 넘는 인구의 요구에 실효적으로 부응할 수 없었을 것이고, 대도시와 작은 소읍의 문제에 동등한 실효성을 지니고 적용될 수도 없었을 것이다.

하늘 아래 완벽한 것은 없다. 헌법 역시 마찬가지다. 수많은 개정에도 미국의 헌법은 여전히 결점이 있을 것이고 미래에 발생할 모든 문제점을 다 다루지는 못하겠지만, 최소한 헌법은 지난 2세기 동안 미국의 발전과 번영, 그리고 성장의 밑거름이 되어온 것만은 분명하며, 55명의 헌법제정위원회의 통찰력이 미국 정부의 기초를 탄탄히 하였다는 것은 의심할 여지없는 사실이다.

2 헌법

미국 헌법이 미국 최고법이라는 뜻은 주의 법률 조항이 연방 헌법과 상충할 때 헌법이 주 헌법보다 우선한다. 2세기에 걸친 사법부의 판례들이 헌법이 최고법임을 보여주고 있다. 헌법의 최종 권한은 미국 국민에게 있다. 국민의 요구가 있다면 헌법은 개정될 수 있지만, 국민의 요구가 직접 행사될 수는 없다.

대통령을 포함한 공직자들의 권한은 제한되어 있으며 그들의 공식 활동은 헌법과 관련 법규의 승인을 받아야 한다. 투표에 의해 선출된 공무원들은 임기가 정해져 있고, 임기가 지나면 재출마할 수는 있으나, 다시 선거를 거쳐야 한다. 임명 공무원들은 그들의 업무수행에 문제가 있다면 해임될 수 있다. 단, 연방 대법원의 대법원장과 대법원 판사는 예외적으로 종신직이다. 이는 사법권이 정치적 영향에서 벗어나야 한다는 것을 의미하며 사법권의 독립을 지키려는 것이다.

미국 국민은 투표를 통해 그들의 의사를 표현한다. 그러나 공직자가 직권남용을 하거나 심각한 비행을 저지른다면, 헌법에 따라 해임된다. 대통령과 부통령을 포함해서 모든 공직자는 반역죄, 뇌물 등 심각한 범죄나 비행행위에 의해 탄핵당할 수 있으며, 유죄판결을 받으면 파면된다. 탄핵과 같은 극약처방은 대단히 드물다. 미국 역사상 하원의원들에 의한 탄핵은 총 17회 있었다. 1974년 워터게이트(Watergate) 사건으로 의회가 탄핵을 발의하자, 닉슨(Richard Nixon) 대통령은 투표로 탄핵이 확정되기 전에 사임했다.

헌법이 제정되고서, 많은 조항이 바뀌었음에도 1789년 헌법의 기초적 원칙들은 오늘날에도 동일하며 그 내용은 다음과 같다.

- 입법부, 사법부, 행정부는 삼권분립의 원칙을 지킨다. 각 부서는 나머지 두 부서와 균형을 이루어야 하며, 각 부서는 다른 부서의 잠재적 월권행위를 견제해야 한다.
- 헌법은 헌법 규정에 따라 통과된 모든 법률과 대통령이 체결하고 상원의 비준을 받은 조약들과 함께 다른 모든 법률과 행정 법령 및 규정에 우선한다.
- 모든 사람은 법 앞에서 평등하며, 법의 보호를 받을 평등한 권리를 가지고 있다. 모든 주는 평등하며, 어느 주도 연방 정부로부터 특별한 대우를 받을 수 없다. 헌법의 테두리 안에서 각 주는 다른 주의 법을 인정하고 존중해야 한다. 주 정부도 연방정부와 마찬가지로 그 최종의 권능이 국민에게 속해있는 민주정체여야 한다.
- 국민은 연방헌법 자체에 명시된 합법적인 수단으로 그들의 정부 형태를 바꿀 수 있는 권리를 가지고 있다.

3 헌법 수정 조항

미 헌법의 제정자들은 헌법이 국가의 성장과 속도를 맞추려면 변화가 때때로 필요하다고 보았다. 또한 그러한 변화의 과정이 단순해서는 안 된다고 인식했다. 헌법수정조항(Provisions For Amendment)은 상하 양원에서 2/3 이상의 찬성투표에 의해 발의될 수 있었다. 그렇지 않으면 삼분의 이의 국회의원들이 국회에 수정조항을 토론하는 회의를 국회에 요구할 수 있다. 어떤 방법이건 수정조항은 미국 전체 주의 3/4의 동의를 얻어야만 채택될 수 있었다.

미 헌법은 1789년 이래로 26차례 수정되었고 앞으로 계속 수정될 수 있을 것이다. 헌법 제정 후 2년 내에 가장 큰 규모의 수정이 이루어졌고 이 기간에 권리장전(Bill of Rights) 이라고 알려진 최초의 10개 수정조항이 헌법에 추가되었다.

수정조항들은 오늘날까지 2세기 전에 기술된 대로 남아있다. 수정 제1조는 종교, 언론, 출판의 자유와 평화적인 집회의 권리, 그리고 잘못된 일을 바로잡도록 요구하는 정부에 대한 청원권을 보장한다. 제2조는 시민의 무기소지권을 보장한다. 제3조는 군대가 소유자의 동의 없이 민간에 주둔하

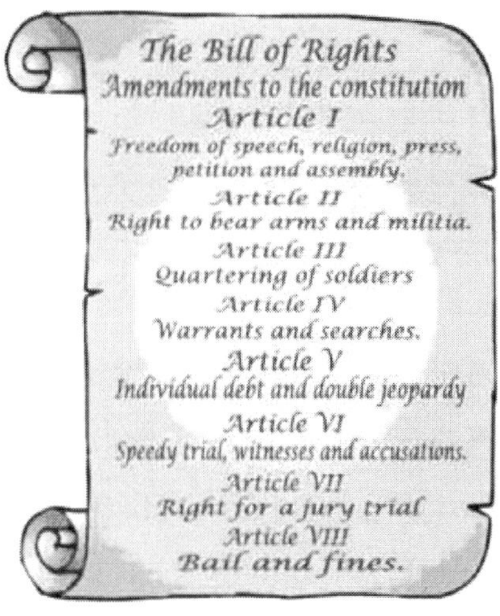

권리장전

는 것을 금지한다. 제4조는 부당한 수색, 체포 및 재산 압류 등을 금지한다.

그다음 4개의 조항은 사법 제도를 다룬다. 제5조는 대배심의 기소가 있는 경우가 아니면, 중죄의 재판을 금지하고, 일사부재리의 원칙과 정당한 법의 절차에 의하지 아니한 처벌을 금지하고, 형사사건의 피의자가 자신에게 불리한 진술을 강요당하지 않을 권리를 보장한다. 제6조는 형사사건에 대한 신속한 공판을 보장한다. 이 조항은 배심원단에 의한 재판, 피고인이 변호인의 변호를 받을 수 있는 권리를 보장하고, 증인들에게 재판에 출석해서 피고의 면전에서 증언하도록 강제할 수 없다고 규정하고 있다. 제7조는 20달러 이상의 이해관계가 걸려 있는 모든 민사소송에서 배심원단에 의한 재판을 받을 수 있도록 보장하고 있다. 제8조는 과도한 벌금이나 보석금을 금지하고, 잔인하거나 상식에 어긋나는 형벌을 금지한다.

수정 10개조의 마지막 2개조는 헌법 권리에 대한 매우 폭넓은 진술을 담고 있다. 제9조는 개개인의 권리를 담은 조항들이 개인 권리를 모두 포괄하지 못한다는 것을 선언하고 있으며, 제10조는 헌법에 따라서 연방 정부에게 위임되지 않은 권한은 각 주나 국민이 보유하고 있음을 규정하고 있다.

헌법 수정조항들은 포괄적 주제들을 다룬다. 가장 큰 영향을 미치는 조항 중 하나는 14번째 조항으로, 이 조항에 의해서 시민권의 정의가 확정되고, 법 아래에서의 평등한 처우의 폭넓은 보장이 확인되었다. 본질적으로 제14조는 권리장전의 보호를 각 주에도 적용시켰다.

그 외의 다른 수정 조항들에 의해서 연방 사법권의 제한, 대통령 선출 방식의 변경, 노예제도의 금지, 인종, 피부색, 성별, 과거의 노예신분 등을 이유로 투표권이 박탈되지 않는다는 점, 일반 투표에 의한 상원의원 선출 등이 확정되었다.

가장 최근의 수정 조항은 대통령의 임기를 2회로 제한하는 제22조, 워싱턴 특별구에 사는 주민들의 투표권을 인정하는 제23조, 인두세(poll tax)의 납부와 상관없이 투표권을 보장하는 24조, 임기 중간에 공석이 되면 부통령의 직을 채울 수 있도록 규정한 25조, 투표연령을 18세로 낮추는 내용을 담은 26조가 있다.

이 26번째 조항 중 대다수는 시민 개인의 정치적 자유를 확대시키고자 하는 계속적인 노력에서 나온 것이며, 1787년 필라델피아에서 초안한 기본적인 정부조직을 강화하는 조항은 불과 두세 조항밖에 되지 않는다는 사실이 중요하다.

6. 연방정부와 주정부

개요

우리들은 오늘날 전제주의와 민주주의에 대한 요구가 확대되고 공공화되는 시대에 살고 있다. 전세계로 확대되는 이 현상은 현대적 민주주의와 유럽 서구의 독특한 정치구조이면서 생활방식이다. 이와 같은 민주주의는 18세기 프랑스 혁명에서 유래하면서 20세기의 일당 정권에 이르기까지 인류역사를 거쳐 잔존해왔으나 대부분 민주주의의 단면밖에 보여주지 못했다.

이는 민주주의 그 자체가 도전의 대상임을 말해 준다. 자유에 대한 욕망은 천성적이다. 민주주의 실천은 배워야 한다. 민주주의의 역사는 항상 자유와 기회를 위한 문을 열어둘지라도 이를 구현하는 것은 국민 스스로의 헌신과 단결된 지혜에 의해서이다. 역사적 철학이나 통치자의 자세에 달려 있지는 않다.

건강한 민주주의 사회는 개인이 자신의 개인적 목표를 추구하려는 단순한 제도가 아니다. 민주주의는 사회의 생존을 위해 관여하고 부단하게 노력하려는 시민이 가꾸는 것이다. 민주 시민은 개인의 자유와 권리를 향유한다. 그러나 동시에 다른 사람과 협조하는 책임을 공유하여 자유의 기본권과 자치정부를 지속시킬 수 있는 미래를 창조하려는 것이다. 곧 민주주의는 유(有)이면서 무(無)이다.

민주주의 그 자체는 아무것도 보장하지 않는다. 그것은 실패의 위험성과 더불어 성공할 기회를 제시할 따름이다. 토마스 제퍼슨이 감동적이고도 엄격한 의미로 표현한 민주주의의 약속은 생명과 자유 그리고 행복의 추구이다.

민주주의는 약속과 도전이다. 그것은 자유인이 함께 노력하여 개인의 자유, 경제적 기회, 사회적 정의에 대한 야망을 실현하기 위해 스스로를 다스리겠다는 약속이다. 그것은 또한 도전이다. 왜냐하면 민주주의라는 체제의 성공은 다름 아닌 그 시민의 어깨에 걸려 있기 때문이다.

국민의, 국민에 의한, 국민을 위한 정부는 민주사회의 시민이 사회의 이익과 책임을 공유한다는 의미이다. 자치정부의 과업을 수용함으로써 한 세대는 힘겹게 얻은 개인적 자유와 인권, 다음세대를 위한 규범을 보존하게 된다. 각 사회와 각 세대에서 국민은 민주주의를 새롭게 발전시켜나가야 한다. 달리 말하면 과거의 원칙을 받아들여 새로운 세대와 사회에서 실천할 수 있도록 응용함을 의미한다.

결국, 국민은 자신의 정치적 수준에 맞는 정부를 지닐 수 있을 뿐이다.

1 정부 체계

미국은 50개의 주로 이루어진 연방국가이며, 수도인 워싱턴 D.C는 워싱턴 · 컬럼비아특별구(Washington, District of Columbia)의 줄임말이다. 헌법은 국가구조를 설명하고 국가 권력과 활동 범위를 명시한다. 헌법에 명시되지 않은 활동은 주정부의 관할과 책임하에 각 개별주의 법률과 조례를 따른다. 주의 행정구역은 크기 순으로 카운티(County, 실제 주소 표기에는 쓰지 않는다.), 시(City), 읍(town), 리(village)로 나뉘며, 각각 지방 정부를 가지고 있다.

미국 내에 모든 정부는 "국민의, 국민에 의한, 국민을 위한" 것이다. 국회의원, 대통령, 주의원, 구의원, 시장 등 자치주와 도시의 주요 공직자들은 모두 투표에 의해 선출된다. 대통령은 연방정부의 각 부처의 장관을 임명할 수 있지만, 판사는 투표에 의해 선출된 의원에 의해서만 임명될 수 있다. 판사는 사람들에 의해 직접적으로서로 선출되거나 선출 공무원에 의해 임명된다.

투표는 비밀투표이며, 칸막이가 있는 부스에 혼자 들어가서 주어진 투표용지에다 자신이 원하는 후보를 찍게 되어 있다. 공직자들은 직무태만이나 법률 위반과 같은 이유로 해임될 수 있다.

헌법은 정부의 권력을 대통령이 이끄는 행정부, 상원과 하원을 포함하는 입법부, 대법원이 이끄는 사법부로 분산한다. 헌법은 세 부서 중 하나가 필요 이상의 권력을 얻는 것을 막고자 삼권분립을 표방한다. 미국 정부 조직은 헌법과 권리장전으로 확립된 원리에 기반을 둔다. 국민은 정부가 법률과 질서의 기본틀을 제공하는 것이외에 개인의 자유를 침해해서는 안 된다고 믿는다.

주 정부는 연방 정부 조직 패턴을 따라 조직된다. 주 정부는 질서 유지, 어린이와 청소년 교육, 고속도로의 건설과 같은 일을 관리하는 반면, 연방 정부는 미국 전체의 문제와 국제 관계, 한 개의 주 이상이 포함된 지역 문제를 다룬다.

건강한 민주 사회는 단순히 개개인이 자신의 목표를 추구하기만 하는 사회는 아니다. 시민이 어렵게 얻은 자유를 행사하고, 정부의 균형과 견제 체계에 참여할 때, 민주주의사회는 번창한다.

2 백악관

미국의 연방 대통령은 선거에 의해서 선출되며 임기는 4년이고, 재선될 수 있다. 대통령에 출마하려면 미국에서 태어난 35세 이상의 시민이어야 한다. 대통령의 연봉은 40만 달러이며, 임무 수행에 필요한 경비로서 5만 달러를 더 지급받는다. 그러나 대통령 역시 수입에 해당하는 세금을 내야 한다. 그러나 출장 경비로 책정된 10만 달러와 공무 수행을 위한 2만 달러에 대해서는 면세 혜택을 받는다. 대통령은 대통령 직무실 등이 있는 백악관에서 거주해야 한다.

행정부의 수장인 대통령은 의회에 의해 법으로 제정된 정부 프로그램을 수행한다. 대통령은 의회에 프로그램과 법안을 추천하며 연방 정부 운영을 위해 예산을 의회에 요청한다. 대통령은 의회에 의해 통과된 법률에 "거부권"을 행사할 수 있지만, 국회에서 3분의 2

백악관

이상 동의하면, 거부권은 기각될 수 있다. 대통령은 연방법원 판사, 대사와 국가 공무원을 지명하고 선출된 부대통령에게 직무를 할당한다. 만약 대통령이 사망하거나, 심각한 장애를 입거나, 혹은 사임하면, 부대통령이 다음 선거 때까지 대통령을 대리할 수 있다.

3 연방정부 조직

국무장관(the Secretary of State)이 주관하는 국무성(The Department of State: 한국 외무부)은 외교 관계에 대해서 대통령의 고문관 역할을 담당한다. 이 부서는 외국과의 평화로운 관계와 외국을 여행하기를 원하는 미국 시민에게 여권을 발행하고, 미국을 방문하는 여행객의 비자를 발행하는 업무를 담당한다.

재무성(The Treasury Department)는 정부의 재정과 조세를 책임지며, 동전과 지폐를 주조한다. 대통령과 부통령, 그리고 그들의 가족과 고위인사를 경호하는 경호처(The Secret Service)는 재무부 소속이다. 관세청(the Bureau of Customs)과 국세청(the Internal Revenue Service)도 재무부 소속이다.

국방성(The Department of Defense)는 국가의 안보를 담당하는 부서이다. 국방장관(The Secretary of Defense)은 육군, 해군 공군 장관의 도움을 받는다. 법무성(The Department of Justice)는 법무 장관(the Attorney General)이 주관하며 정부의 법적 문제들과 연방법을 위반한 자들 처벌한다. FBI와 연방교도소가 법무장관의 관할이다. 내무성(The Department of the Interior)는 천연자원의 보존과 개발에 대한 책임을 지고, 국립공원을 관리한다. 또한 연방의 사냥과 낚시에 관한 법률을 집행하고, 광산의 안전을 점검하며, 인디언 부족의 복지를 담당한다.

농업성(The Department of Agriculture)는 식량 생산을 돕고 농부의 관심사를 돌본다. 이 부서는 농산물의 수요와 가격에 대한 보고서를 발행하고, 농업에 대한 과학적 연구를 수행하며, 농업 전기 시설을 세우려고 돈을 빌려준다. 오늘날 대부분의 농가는 전기가 공급된다. 노동부(The Department of Labor)는 노동조건과 노동자들의 복지와 안전을 담당한다. 다른 무엇보다도 최저임금법을 집행하고, 최장노동시간을 점검한다. 이 부서는 고용주와 피고용주 간의 노동 분쟁을 중재하고 해소하는 데 중점을 둔다.

상무성(The Department of Commerce)는 국내의 상업과 국제 무역을 담당하고 증진시키는 곳이다. 주로 채굴, 광산, 제조, 운송 산업을 담당한다. 가장 중요한 부서는 특허청이며, 다른 부서로는 상표출원 및 보호 등의 업무를 담당하는 곳과 기후와 대기를 측정하고 조사하는 곳이 있다.

1979년 보건 교육 후생청(Department of Health, Education and Welfare)은 두 개의 부서, 즉 보건복지부(the Department of Health and Human Services, HHS)와 교육부(the Department of Education)로 재조직되었다. 보건복지부는 연방정부의 차원에서 미국 전체의 사회 복지 업무를 담당한다. 교육청(The Department of Education)는 거의 모든 교육 프로그램을 담당한다. 학자금 대출 프로그램이나 장애인을 위한 특수 프로그램을 포함하여 150여 곳에 이르는 연방 지원 교육프로그램을 지도하고 감독한다.

내각 차원의 미국 주택 도시 개발청(The Cabinet-level Department of Housing and Urban Development, HUD)은 1965년에 창설되어 특히 저임금 가구에 적합한 주택공급과 대규모의 도시 개선 프로그램을 운영하고 있다.

1966년 린든 존슨(Lyndon Johnson 1908-1973) 대통령이 제안하고 국회가 승인한 교통청(Department of Transportation)은 여러 부서에서 담당하고 있던 교통업무를 조직화하기 위해 창설되었다.

에너지청(The Department of Energy)은 1977년에 창설되어 국가의 에너지 문제를 전담하고, 연방 정부의 에너지 문제를 내각 차원의 단일 부서로 통합했다. 주 업무는 에너지 기술과 에너지 보존, 핵무기 프로그램, 에너지 생산과 사용의 규제, 가격 정책과 할당 문제, 그리고 중앙 에너지 데이터 수집과 분석 프로그램을 운영하는 것이다.

원호청(The Department of Veterans Affairs)은 1930년대에 독립부서로 설립되었고, 미국의 재향군인들과 그 가족들에게 혜택을 주고 서비스를 제공하고 있다. 원호청은 병원 운영과 가정 치료 프로그램, 172개의 의료 센터와 16개의 양로원, 228개의 의원과 116개의 전문요양시설에서 진료, 치과 서비스 등을 제공하고 있다. 또한 국립묘지센터(National Cemetery System)도 운영하고 있으며, 일할 수 있는 재향군인과 배우자들에게 매장 서비스를 맡기고 있다.

4 입법부

입법부인 의회는 상원과 하원으로 구성되어있다. 기간의 수에 제한 없이 각각의 상원은 6년간 선임되고 하원은 2년간 선임된다. 2년마다 1/3의 상원의원을 뽑는 체제로, 각 50개의 주에서 두 명의 상원 의원을 뽑는다. 상원의원은 30세 이상이어야 하며, 반드시 과거 9년 동안 미국시민권자여야 한다.

하원은 435명의 구성원으로 이루어져 있는데 각 주의 선거구의 인구에 따라 동일하게 나뉘어져 있으며, 각 선거구의 투표인들은 의회로 보낼 대표 한 명을 뽑는다. 구성원은 반드시 25세 이상이어야 하며, 적어도 7년 동안 미국 시민권자여야 한다.

미국 국회

법이 시행되기 전 의회의 양당은 반드시 의회 문서를 승인해야 한다. 상원의원은 단독으로 대통령의 고위공무원 지명자를 확정하며 다른 국가와 조약을 비준한다.

5 사법부

미국 사법부의 최고 사법 기관은 연방 대법원(the Supreme Court of the United States)이며, 연방 대법원의 대법원장(Chief Justice)과 8명의 대법관(Associate Justice)은 미국 상원의 권고와 동의에 따라 대통령이 지명하고 임명한다.

법원은 법이 헌법에 위배되지 않는지를 결정한다, 즉, 하급법원에서 사건이 항소 되었을 때 미국 연방 헌법에 합헌적인지 결정한다. 이것은 또한 미국 정부나, 주 정부 혹은 다른 주의 시민 사이에 분쟁이 일어났을 때도 연방법원에 결정권이 있다.

하급 법원은 연방 순회 항소 법원과 지방법원이 있다. 연방법원의 모든 판사는 종신 재직권을 가지며, 직권남용이나 상원에 의한 탄핵에 의해 해고될 수 있다.

6 연방체계

헌법에 따라 세워진 연방체계는 중앙집권화된 정부 조직이다. 그러나 연방 체계 그 자체는 실질적으로 수천 개의 작은 단위로 구성된 일종의 모자이크로서, 마치 수천, 수만개의 벽돌이 모여서 하나의 건물을 만드는 것과 같은 이치다. 50개의 주정부와 워싱턴 D.C에 있는 연방 정부를 포함하여, 카운티(county), 시(cities), 읍(towns)과 리(villages)에 각각 지역 정부를 두고 있다.

정부 조직의 다양성은 미국의 발전과정에 의해 잘 설명될 수 있다. 연방체계는 그 발전 과정의 마지막 단계이다. 헌법이 제정되기 전에도 카운티 단위의 작은 정부들은 있었다. 영국 출신의 초기 정착자들이 성취한 첫 번째 업적은 대서양 연안을 따라서 생겨난 작은 정착 사회의 정부 조직을 세운 것이다. 메이플라워호를 타고 온 청교도들이 1620년에 서명한 메이플라워 협약(Mayflower Compact)은 미국 최초의 성문법이라고 할 수 있다. 초기 청교도와 마찬가지로 각각의 프론티어들은 서진을 하면서 세운 정착촌에도 작은 단위의 정부 조직을 각각 만들었다.

미국 헌법 초안자들은 이 다양한 정부조직이 가지고 있던 정신을 그대로 이어받았다. 최고법의 구조를 짜면서, 그들은 기존의 작은 정부들이 직접적으로 시민들과 소통할 필요성을 인식했다. 국방, 달러 통화의 규제, 외교 관계 등과 같은 특정한 기능들은 연방 정부만이 통제할 수 있지만, 보건위생시설, 교육, 지역 교통 같은 것들은 주로 주 정부와 지역의 관할에 속한다.

7 주 정부

일반적으로 주 정부는 주 경계 내에서 일어나는 모든 일을 담당한다. 공공시설과 산업과 무역, 그리고 동산과 부동산과 관련된 규정들, 형법, 근로 조건 등 주정부는 주 내부의 모든 문제를 처리한다. 따라서 주 정부 또한 민주주의적 형태로 운영되어야만 하며, 연방헌법이나, 연방의 조약이나 법률을 위반하는 법을 채택해서는 안 된다.

물론 주 정부와 연방의 법률에는 겹치는 부분이 많다. 특히 최근에는 연방정부의 권한이 보건, 교육, 복지, 교통, 주택과 도시 개발과 같은 문제까지 넓어졌다. 그러나 정책 프로그램들은 주로 연방정부의 일방적인 강요가 아니라, 연방정부와 주 정부의 협력에 근거하여 채택된다.

연방정부와 마찬가지로 주 정부는 입법부, 행정부, 사법부의 세 개의 부서가 있다. 그 역할 또한 연방정부의 역할과 같다. 주의 최고 실무자는 주지사이며, 주민의 투표에 의해 선출되고, 임기는 4년이다. (물론 임기가 2년인 주도 2-3개 정도 된다.). 입법부가 나뉘지 않은 네바라스카(Nebraska)주를 제외한 모든 주의 입

미 연방 대법원

법부는 상원과 하원, 혹은 총 의회로 나뉘어 있다. 대부분 주에서 상원의 임기는 4년이며, 하원의 임기는 2년이다.

다양한 주들의 헌법 역시 연방 헌법과 유사하게 주민의 권리를 보호하고 정부를 조직화하기 위해 고안되었다. 기업의 운영과 은행, 공공시설, 자선단체 등의 통치 조건과 관련된 문제에서 주 헌법은 연방 헌법보다 훨씬 자세하다. 그러나 각 주의 헌법은 그 최종 권한이 지역 주민에게 속하도록 규정되어 있고, 정부의 토대로서 특정한 표준과 원칙을 정해놓았다.

8 시 정부

기반 산업이 농업으로 시작했던 미연방은 오늘날 도시화된 국가로 성장했고, 3/4 이상의 시민이 이제 도시나 광역시, 혹은 시 주변의 교외(the suburbs)에서 산다. 통계가 보여주듯이 시 정부(city governments)는 미국 정부의 전체적 구조에서 대단히 중요하다. 연방 정부나 주 정부보다 시정부가 경찰서나 소방관에서 위생규약, 보건 규약, 교육, 대중교통과 주택 문제에 이르기까지 시민의 요구에 더 직접적으로, 그리고 더 광범위하게 봉사한다.

미국의 주요 대도시의 산업은 대단히 복잡하다. 예를 들면 뉴욕시(New York City)보다 인구가 더 많은 주는 단지 7개 주에 불과하다. 대통령 다음으로 중요한 직책이 뉴욕의 시장이라고 종종 말해질 정도다.

시 정부는 시의회와, 위원회, 그리고 시 행정담당관으로 구성된다. 이것이 가장 순수한 형태이며, 많은 도시는 이 세 단위로 구성되어 있거나 이 중 두 개의 조직을 두고 있다.

■ **시의회(MAYOR-COUNCIL)**: 시의회는 시 정부의 가장 오래된 형태로서 20세기 이전에는 거의 모든 미국의 도시들에서 운영되었다. 구조는 주 정부나 연방정부와 비슷하다. 즉 선거에 의해서 선출된 시장이 행정부의 총책임자이며, 선출된 의회가 입법부를 담당한다. 시장은 각 부서의 장과 공무원들을 지명하고, 회의 승인이 필요한 때도 있다. 시장은 거부권을 행사할 수 있으며, 시의 예산을 책임진다. 위원회는 법령이나 법안들을 통과시키고, 재산에 대한 세율을 정하며, 각 부서의 예산을 배정한다.

■ **위원회(THE COMMISSION)**: 위원회는 시정에서 입법부와 행정부 기능을 합한 것이다. 주로 3개 이상의 위원회가 있으며, 선출직으로 구성된다. 각각의 위원은 각 부서의 업무를 감찰 감독한다. 위원회의 책임자는 지명되며, 종종 시장으로 불린다. 그러나 그의 권한은 동료 위원들과 다르지 않다.

■ **시 행정담당관(THE CITY MANAGER)**: 시 행정담당관은 도시 문제가 날이 갈수록 복잡해짐으로써 생겨난 직책으로, 선출 공무원이 갖지 못한 전문적 행정 관리 능력을 요구한다. 따라서 해당 분야의 전문가가 이 직책을 맡는다.

점점 더 많은 도시가 시행정담당관의 기획안을 채택한다. 이 기획에 따라서 선출직으로 구성된 위원회는 도시의 법령을 짜고 정책을 입안하거나 정책 결정을 실행하기 위해서 유급 행정관을 고용한다. 행정담당관은 정해진 계약 기간이 없고, 일반적으로 시의회가 그의 업무에 만족한다면 계속 고용상태를 유지할 수 있다.

9 카운티

카운티는 예외가 없는 것은 아니지만, 주의 행정단위로서, 두 개 이상의 타운쉽(townships)이나 몇 개의 마을을 포함한다. 그러나 뉴욕시와 같은 거대 도시의 경우 5개의 카운티, 즉 브롱크스(Bronx), 맨하탄(Manhattan), 브루클린(Brooklyn), 퀸즈(Queens) 그리고 스태튼 섬(Staten Island)으로 구성된다. 반면, 버지니아주(Virginia)의 알링턴 카운티(Arlington County)는 포타맥 강(Potomac River)을 가로질러서 위성턴 D.C.까지 이르지만, 하나의 카운티이며, 한 개의 카운티 행정부를 가지고 있는 도시화된 중산층 거주 지역(suburban area)이다.

대부분의 카운티에서는 하나의 타운이나 도시가 중심부로 지정되고, 그곳에 정부청사가 들어서고, 그곳에서 위원회나 감시위원회가 열린다. 작은 카운티에서는 위원회가 전체 카운티에 의해 선택되기도 하고, 큰 카운티에서는 감독관이 각 지역구나 타운을 대표하기도 한다. 위원회는 세금을 징수하고, 돈을 융자하거나 지출하고, 카운티 공무원의 봉급을 정하고, 선거를 감독하고, 고속도로와 다리를 유지보수하며, 연방, 주, 카운티의 복지 프로그램을 관리한다.

10 읍과 마을

수천 개의 지방자치단체(읍이나 군) 관할권은 정부라고 불리기에는 대단히 작다. 이 지역은 읍(towns)과 리(villages)로 나뉘고, 그 지역의 대단히 구체적인 문제를 다룬다. 예를 들면 도로포장이나 가로등, 수돗물 공급이나 경찰, 소방업무, 하수처리 및 그밖에 폐기물 처리, 정부 운영 지원을 위한 지방세 징수, 주 정부나 카운티 정부와 협력하여 지역 학교를 직접 관리하는 일을 맡는다.

위원회는 주요 행정을 담당하는 의장이 있는데, 투표로 선출될 수도 있고, 임명될 수도 있다. 지자체 직원은 서기, 회계담당관, 경찰과 소방관, 그리고 의료와 복지 종사자들이다.

주로 뉴잉글랜드 지방에 많은 지자체의 특징 중의 하나가 "읍 회의"(town meeting)다. 일 년에 한 번 정도(필요하면 조금 더 자주) 유권자들이 모여서 공개회의를 열고, 공무원을 선출하고 지역 문제를 논의하며, 지자체 운영을 위한 법률을 통과시킨다. 하나의 지자체로서 그들은 도로건설 및 수리, 공공건물 및 시설 건설, 세율과 예산을 결정한다. 2세기 이상 존재해온 이 읍 회의는 종종 직접민주주의의 가장 순수한 형태로 간주된다. 지자체의 규모가 작아서 소속 주민의 직접 참여를 통해 모든 권한이 행사된다.

7. 미국의 외교 정책

개요

미국의 외교 정책은 자국의 이익 추구와 인류의 공동번영이라는 두 요소에 의해 주로 결정되어 왔다. 이 밖에도 여타 국가의 외교정책 수립에서와는 달리 미국 외교정책을 결정하는 요소들이 다수 존재한다.

첫째는 지정학적 위치이다. 미대륙은 대서양과 태평양이라는 두 대양에 의해 유럽과 아시아 대륙으로부터 차단되어 있다. 미국의 위치는 미국인들로 하여금 300여 년 이상 그들이 등지고 떠나온 구대륙으로부터 정치적, 경제적, 사회적 변화로부터 분리될 수 있다고 믿게 하였다. 이러한 지형학적 특성은 미국외교의 특징인 고립주의의 동인이다.

미국이 지정학적 고립으로 인하여 타국 내정에 관여하지 않고 미국자신의 국내 문제에만 몰두할 수 있다고 하는 믿음은, 역설적으로 다른 나라에 둘러싸여 있다는 불안감을 갖게 하고 때로는 국가적 위기의식을 낳게 하였다. 이러한 위기의식은 미주대륙 전반에 걸쳐 중심 국가로서 외교적 영향력을 유지하고자 하였으며 북미대륙에서는 단일 국가로서 국가 안전을 고수하려 하였다. 뿐만 아니라 미국을 중심으로 육로, 해로, 항로 등의 교통망을 철저히 확보하는 등 세계적인 변화 추세에 즉각적으로 대응하는 노력을 가속화시켰다.

미국의 외교 정책을 독특하게 만드는 두 번째 요소는 역사상 중요한 시기마다 핵심적 역할을 담당한 미국의 국력이다. 독립된 이후 미국의 외교정책은 영토의 확장과 유럽에 대한 우위권 확보를 지향해 왔다. 나폴레옹 전쟁에서 유럽에 대한 중립성을 유지하는데 성공한 후 1차대전, 2차대전과 구소련의 붕괴를 거치면서 유럽에 대한 정치적, 군사적, 경제적 우월성을 확보하게 되었다. 특히 이는 제3세계를 둘러싼 열강 사이에서 미국의 위상을 자리매김하는데 중요하게 작용하였다.

셋째로, 이민과 정착민의 역사 또한 미국 외교정책 수립에 적지 않은 영향을 미쳤다. 유럽으로부터 미국에 이민 온 사람들은 떠나온 모국에 대하여 애증의 상반된 감정을 가지게 되었다. 그들은 자신들이 태어난 사회가 지닌 모순과 부조리로부터 도피하기 위하여 미국으로 이민하였지만 조국에 대한 본능적인 애정은 잃지 않았다. 따라서 비판과 애착심이라는 상반된 감정은 국민의 여론을 바탕으로 하는 미국 외교 정책에서 고립주의와 국제주의를 동시에 가능하게 하였다.

미국의 외교정책은 실리에 바탕을 두고 있다. 국내외에서의 경제적 우위, 중요자원의 확보, 미국 이념의 보급, 국가가 위기에 봉착했을 때 군사적 힘에 의존하는 정책. 우호국가에 대한 지원 등의 정책을 통해 미국의 이익을 수호하는 것이다. 달리 말하면 미국도 다른 국가들처럼 실리정책(real politic)에 지대한 관심을 가지고 있다.

1 초기 외교 정책 (1776-1830)

미국 외교의 역사는 약 1776년에서 1830년 사이에 시작된다. 이 시기에 유럽 열강에 대한 미국 정책은 21세기 제3세계 국가의 정책과 많이 닮아있다. 제3세계와 마찬가지로 미국은 외교정책에서 중립성 확보와 독자적 행보를 확보하기 위해 노력했다. 미국은 영국이나 프랑스와 같은 국제적 열강에 짓밟히지 않으려는 몸부림이 이 시기의 미국외교정책을 주요 흐름을 특징 짓는다.

영국이나 프랑스와 같은 거인국에 비해서 1800년 무렵의 미국은 정치적으로나 경제적으로나 보잘것없는 난쟁이의 나라이자, 소국이었다. 북부는 영국의 식민지였고, 서부의 루이지애나(Louisiana) 지역은 프랑스령이었고, 남부는 스페인령이었다. 식민지 시기에는 유럽 열강들 사이에서 끊임없이 전쟁이 벌어졌지만, 미국인들은 이에 개입할 여유가 없었다. 그래서 미국은 프랑스 혁명에 개입하지 않기로 했으며, 미국 독립전쟁 당시 미국이 영국을 물리칠 수 있도록 프랑스가 원군을 파견했음에도 불구하고, 나폴레옹이 일으킨 전쟁에도 개입하지 않았다.

초창기의 미국의 외교 정책은 먼로주의(Monroe Doctrine)로 요약될 수 있다. 미국은 중앙아메리카 지역과 남아메리카 지역에 세워진 새로운 국가들을 인정하기를 원했지만, 스페인, 영국, 프랑스와의 마찰이 생기는 것을 원하지 않았다. 그래서 그들은 먼로주의를 선언함으로써 문제를 해결하기를 원했다.

먼로주의는 세 가지 원칙으로 요약할 수 있다. 첫째 비식민화 원칙으로써, 유럽이 남북 아메리카에 새로운 식민지를 세워서는 안 된다. 둘째 비개입 원칙으로써, 유럽 열강은 신세계 국가들의 문제에 개입하지 않는다. 셋째 불간섭원칙으로, 유럽이 위의 두 원칙을 준수한다면, 미국은 아메리카에 있는 기존의 유럽 식민지를 받아들이고, 유럽 문제에 개입하지 않고 고립주의를 고수한다는 것이다. 먼로주의는 미국의 중립을 고립주의로 바꾸었으며, 고립주의를 미국의 고유한 임무로서 간주하게 하였다. 이는 아메리카 대륙이 미국만의 관심 영역이며, 미국만이 라틴 아메리카에 영향력을 행사할 수 있다는 선언인 동시에, 이 지역에서는 유럽식의 왕정이나 구체계의 정치를 강요해서는 안 된다는 선언이기도 하다. 간단히 말해서 먼로주의는 이상주의와 지배적 이데올로기의 혼합으로써, 이 형태는 미국과 라틴아메리카의 전형적 관계가 된다.

2 팽창주의 (1830-1914)

미국 외교 정책의 두 번째 시기는 20세기 초반까지 이어진다. 이 시기에 미국은 자국의 발전에 몰두하고 있었다. 즉 서부의 개척과 노예문제의 해결, 그리고 대륙횡단열차와 같은 교통 시설의 부설 등이 당시 미국의 현안이었다. 이 모든 과정은 사실 미국 영토의 확장과 연결된 문제였기 때문에 이 시기의 미국 정책이 국내 문제라기보다는 그 자체로 미국의 국경을 넘어선 문제라고 보아야 한다.

19세기 초반, 미국은 국제적 협약이나 매매를 통해 영토를 거의 세배 정도로 늘였다. 영토의 확장은 국가의 자존감을 대단히 높여 주었다. 따라서 미국의 팽창정책을 지지하는 사람들은 아메리카 대륙 전체를 지배하는 국가만이 외부의 위협에서부터 실질적으로 안전해질 수 있다고 강조했고, 또 다른 이들은 미국 영토의 확장은 민주주의의 확장인 동시에, 미개한 민족이 민주주의 혜택을 입을 기회라고 주장했다. 팽창주의자들은 인종차별적이었고, 따라서 그들은 홍인종이나 흑인종들이 열등하고, 그래서 정복되거나 최소한 백인의 지배를 받아야 한다고 생각했다.

미국의 외교 정책은 20세기로 접어들면서 명백하게 제국주의 정책으로 변화했다. 미국은 식민화, 합병, 군사적 점령, 경제적 지배 그리고 정치적 종속을 통해서 타민족에 대한 지배권을 확장하고 있었다. 1898년 미국은 스페인이 쿠바의 자유를 억압하는 제국주의의 나라라고 비난하면서 스페인과 전쟁을 시작했다. 그러나 이 전쟁에 승리하고 나서 미국은 쿠바에 대한 경제적 통제권을 획득했으며, 쿠바의 문제에 개입할 수 있는 권리를 획득했다. 또한 미국은 푸에르토리코, 괌과 필리핀을 식민화했다.

미국의 무역 또한 특히 아시아 지역과 라틴 아메리카 지역으로 크게 확장되었다. 하와이, 사모아(Samoa)와 웨이크 섬(Wake Island)이 합병되었고, 동쪽으로의 경제적 확장을 위한 기지로서 활용되었다. 중국에서 확장되고 있는 미국 무역을 보호하기 위하여 유럽 열강과 연합하여 중국의 반란군을 진압하기 위해 군대를 파견했다.

라틴아메리카 정책에서는 루스벨트(Theodore Roosevelt) 대통령은 1903년 파나마 폭동을 지원하여, 파나마 운하를 건설하고 통제할 수 있는 권한을 얻었다. 1904년에는 루즈벨트계론(*Roosevelt*

Corollary), 즉 "유럽 나라들에 의해 미대륙의 여러 나라가 점령 또는 간섭의 위협을 받았을 때에는, 미국은 라틴 아메리카 나라들의 정치에 간섭할 수가 있다"라고 먼로주의를 확대함으로써, 미국은 라틴아메리카 각국의 정치나 경제가 불안해지면, 그 국가의 내정에 개입하는 것을 정당화했다.

루즈벨트 대통령

미국의 정책을 비판하는 반제국주의자들은 이러한 해외식민지 개척을 적극적으로 반대했다. 이러한 노력의 결과로 쿠바는 합병되지 않았고, 1916년 필리핀은 독립국의 지위를 약속받았다. 물론 이 약속은 1946년까지는 지켜지지 않았다. 미국의 제국주의의 또 다른 비판자들은 미국이 식민화 정책을 고수하지 않고도 해외시장 개척에 문제가 없다고 강조했다. 보수주의자들과 진보주의자들 모두 미국 독립선언서의 정신과 약속을 기억할 것을 촉구했다.

3 고립주의와 국제주의(1914-1945)

1차대전은 유럽 열강들 사이의 갈등이었기 때문에 미국은 1차대전에 관심이 없었다. 윌슨(Woodrow Wilson) 대통령은 중립 정책을 고수했고, 미국 유권자들이 원하는 대로 고립주의 정책을 계속

윌슨 대통령

펼쳐나갔다. 그러나 중립성은 크게 세 가지 이유에서 불가능했다. 첫째, 많은 미국 정치가들은 연합국 측과 강한 정신적 유대감을 가지고 있었다. 둘째로는 대부분의 미국인은 영국의 전통문화를 이어받고 있다고 생각했고, 셋째는 미국의 경제가 1차대전 중에 더 건실해진 까닭이 무기나 보급품과 같은 전시 물자의 판매와 긴밀히 연결되어 있었다.

미국이 일차대전에 참전하기 두 달 전 윌슨 대통령은 14개조 평화원칙을 발표했다. 이 원칙은 다음 세 가지로 요약될 수 있다. 첫째, 모든 국가는 자결권을 가지며, 전쟁이 끝나고서 독립국의 지위를 갖기를 원하는 국가가 그 지위를 획득할 수 있도록 국경을 재정비한다. 둘째, 이 조약은 전후의 국제 행동을 제어하는 일반 원칙, 즉 내륙 국가에게는 바다로 나갈 수 있는 출구의 보장, 자유무역, 연합국의 무장해제 등을 포함한다. 나머지 원칙들은 윌슨 대통령이 국제 연맹(League of Nations)에 대한 제안을 서술하고 있다. 국제연맹을 예외로 한다면, 대부분 원칙은 실용적 정책은 아니었지만, 시금석이 되는 전통적 미국 수사와 다르지는 않다.

미국의 상원은 윌슨 대통령이 파리 평화 회의(Paris Peace Conference)에서 가져온 조약들을 비준하지 않았다. 그러나 윌슨의 정책을 물려받은 외교 정책 입안자들은 고립주의를 고수하지는 않았다. 그들은 국제 문제를 해결하는 데도 미국의 전통적 가치인 자유를 제한하지 않고서, 안정보장조치를 취하기를 원했다. 1921년 미국은 1차대전에서 패배한 동맹국들(Central Powers: 주로 독일제국과 오스트리아-헝가리 제국 및 중부 유럽 국가)와 따로따로 협상을 진행했다. 국제 연맹이 조직되었지만, 미국의 참여 없이는 그것이 국제 연맹으로서의 실효성이 없었다.

따라서 1920년대에, 미국의 외교정책은 미국 무역을 가로막는 장애물을 제거하는 데 외교력을 집중했다. 많은 미국인은 자유무역이 시장의 개방을 촉진하고 교류를 활성화할 것이기 때문에 평화를 가져올 것으로 믿었다. 게다가 미국은 군비 감축과 이백만 톤 정도되는 해군 함선을 폐기하라고 요청했다. 1928년 62개국은 전쟁을 국가 정책의 도구로 사용하지 않겠다고 선언했다. 그러나 이 조약은 단지 자발적 참여에 의존하는, 명목뿐인 문서 상의 조약에 지나지 않았다.

1930년대가 되자 다시 제한적 국제주의가 물러가고, 자국의 이익만을 앞세우는 국수주의가 시작된다. 독일이 다시 전쟁을 시작하고, 유럽 대륙을 잠식하기 시작하자, 유럽의 나머지 국가들도 다시 무장하기 시작했고, 미국 유권자들은 또 다시 "유럽의 전쟁"에 끌려들어 가지 않겠다는 의사를 분명히 표시했다.

그러나 일본군이 1941년 12월 기습적인 진주만(Pearl Harbor) 공습을 시작하자, 루스벨트(Roosevelt) 대통령이 몇 년에 걸친 노력에도 할 수 없었던 일이 단 하룻밤 만에 결정되었다. 미국인들은 다시 뭉쳤고, 2차대전에 주도적 참여국이 된 것이다. 진주만 공습 이후 며칠 지나지 않아 바로 국회는 2차대전의 주도국(Axis powers)에 대한 전쟁을 승인했고, 연합군을 지원하겠다고 선포했다.

2차대전이 끝날 무렵 루스벨트 대통령은 전후의 새로운 세계질서를 위한 계획을 세웠다. 이것이 1941년 그는 유엔에 보내는 "네 가지 자유"(Four Freedoms)라는 제목의 연두교서를 발표한다. 종교의 자유, 언론과 표현의 자유가 포함된 미국의 권리 장전을 보다 확장하여, 궁핍으로부터의 자유, 공포로부터의 자유를 포함한다. 따라서 이 네 가지 자유는 아메리칸 드림(American dream)의 새로운 판본이라고 할 수 있다. 1945년 2월 얄타 회담(Yalta Conference)에서 연합국 지도자들은 동유럽에 민주주의 정부를 세울 것을 합의했다. 세 명의 지도자들은 전후의 독일이 다시 재무장할 수 없도록 하는데 합의했지만, 전후 독일을 어떻게 처리해야 할지를 놓고는 쉽게 합의를 끌어낼 수가 없었다. 따라서 "네 가지 자유"를 실현 가능한 현실로 만들고자 유엔이 나서서 노력해야 했다.

국제 연맹보다 유엔을 훨씬 더 실효성 있는 조직을 만들도록 유엔에 많은 역할을 부여했다. 따라서 국제 연맹과 달리, 유엔은 전쟁과 같은 공격을 발생하지 않도록 예방적 조치를 할 수 있고, 국제적으로 군사력을 동원할 수 있다.

4 냉전시대 (1946-1970)

소련군은 얄타회담이 끝난 몇 주 뒤에 동유럽에 공산정권을 수립했다. 1945년 8월, 미국의 트루먼(Truman) 대통령은 히로시마와 나가사키에 원자폭탄을 투하했다. 그는 원자폭탄의 투하가 일본본토를 침공하지 않고 승리하는 방법이라고 생각했고, 이것이 연합군

장병과 미국 시민 그리고 나아가 일본 국민의 생명을 구할 방법이라고 생각했다. 그러나 원폭의 투하는 사실상 민간인들의 대량학살을 낳았다. 이후 냉전이라는 전 세계를 양분하는 사건들이 연쇄적으로 일어났다. 1년 뒤 처칠은 미국과 동맹관계에 있는 서유럽과 소련의 지배하에 들어간 동유럽 사이에는 '철의 장막'(iron curtain)이 존재한다고 표현했다.

트루먼 대통령

2차대전이 끝나자, 소련의 국경지역에서 공산정권이 우후죽순처럼 생겨나기 시작하자, 미국의 정책 입안자들은 소련이 전 세계에 공산주의 정권을 수립하려 한다고 목소리를 높였다. 1947년, 트루먼(Truman) 대통령은 터키와 그리스가 공산화되는 것을 막고자 '트루먼 독트린'(Truman Doctrine)을 발표하였다. 그 결과 미국은 라틴아메리카뿐만이 아닌 전 세계의 국제분쟁과 전쟁에 직접적으로 개입하게 되었다. 바로 이러한 봉쇄 전략이 냉전 기간의 미국 외교 정책의 시금석이다.

1940년대 후반, 미국은 공산주의 위협에 직면하여 몇 가지 정책을 단계적으로 취하기 시작했고, 그 과정에서 외교정책이 급격하게 변화했다. 즉 거의 전시 상황을 방불하게 할 만큼, 군비 경쟁이 가속화되었고, 또 구소련이 핵무기 금지를 촉구하는 국제 사찰을 거부하자, 이에 미국은 핵 연구를 활성화하고 핵무기를 보관할 수 있는 무기고를 확장했다.

한편, 조지 마셜(George Catlett Marshall, 1880-1959) 국무장관

은 미국이 유럽 경제 부흥을 위해 원조를 공식적으로 제안했다. 이것이 바로 마셜 플랜(Marshall Plan)이다. 그는 "시장 경제 체제를 채택하는 나라들이 그들의 국내 경제를 부흥시키기 위해 집행하는 계획에 대하여 미국은 대규모 재정적 지원을 하겠다"고 대규모 유럽경제원조 계획을 밝혔다. 이 계획은 경제적인 측면과 아울러 휴머니즘적이고 윤리적 공감을 얻어서 의회의 승인을 얻었다. 그리고 유럽의 경제가 부흥하게 되자 유럽은 공산주의에 저항할 수 있었다. 1948년에서 1951년 사이에 15억 달러가 이 프로그램에 사용되었다.

냉전 기간에 미소 양국이 핵무기를 사용하게 되면, 세계가 완전히 멸망할 수도 있다는 생각이 팽배했고, 이를 방지하기 위하여 두 개의 군사기구를 조직했다. 그 중 하나가 1950년대에 창설된 북대서양조약기구(The North Atlantic Treaty Organization)인 NATO이고, 비슷한 시기에 전 세계적으로 나토와 유사한 군사동맹체제가 전 세계로 확산되어 갔다.

1956년 소련군이 헝가리에 진주했을 때, 헝가리계 미국인은 소련군의 진주를 강력하게 반대했다. 그러나 "트루만 독트린"이 동구권 국가에게까지 적용되지 않았기 때문에 아이젠하워(Eisenhower) 대통령은 그들의 문제에 개입하는 것을 반대했다. 이후 동구권 8개국이 바르샤바에 모여 체결한 군사동맹조약기구인 바르샤바조약기구(the Warsaw Pact)가 생겼다. 1968년, 소련과 바르샤바조약기구에 속한 국가들이 체코슬로바키아를 침공하자, 미국은 불간섭정책을 취했다.

1950년대 초, 매카시(Joseph Mccarthy) 상원의원은 '반미 활동'

을 하는 사람들을 소련의 앞잡이나 스파이로 몰아가기 시작했다. 미국 내의 반공산주의 물결은 별로 새로울 것은 없었지만, 정부 고위 공직자들까지 빨갱이로 몰아세우는 소위 매카시즘(McCarthyism) 열풍은 사실 선례가 없었던 것이었다. 이러한 반공 히스테리의 물결은 매카시와 그 지지자들에 의해서만 생겨났다기보다는 냉전 시기와 핵전쟁의 위협과 공포가 만들어낸 미국인의 근심과 불안이 매카시즘과 만나서 히스테리로 폭발했다고 말하는 것이 더 정확할 것이다.

베트남 전쟁은 미국인의 트라우마인 동시에 이 전쟁에 참여한 다른 나라에도 불안의 그림자를 드리우는 사건이다. 걸프전쟁 동안 미국은 UN의 깃발 아래서 다국적군을 결성하고, 미국이 주도적 역할을 담당했다. 한국전쟁이나 베트남 전쟁과 비교할 때, 전쟁의 강도는 낮았고, 장기전은 단기전으로 대체되었으며, 이러한 행보는 오늘날에도 역시 미국 외교정책의 일부로서 지속하고 있다.

5 긴장완화와 데탕트 (1970-1990)

닉슨(Nixon) 대통령이 중국과 회담을 시작했을 때는 냉전이 실질적으로 종식되고 긴장완화(Detente) 정책이 시작됨을 알리는 것이었다. 1984년 레이건(Reagan) 대통령이 중국과 협약을 체결함으로써 긴장 완화 정책은 확대되었다. 따라서 이후 몇 년간 미국의 정책은 군사력의 강화보다는 긴장완화에 주력했다. 이러한 정책의

레이건 대통령

하나로 카터(Carter) 대통령은 세계 여러 곳에서 발생한 인권 문제를 강조했다. 그러나 인권 문제는 구소련을 자극했다. 솔제니친(Alexander Solzhenitsyn)의 작품을 통해 잘 알려진 바처럼 소련은 반체제 인사들을 정신병원에 감금했기 때문이다. 이 결과 1970년대에 들어서 미국과 소련 사이에 긴장이 높아졌다.

미국과 소련의 긴장 관계는 마치 시계추처럼 조금 좋아지고 나빠지기를 반복했다. 레이건 대통령 또한 평화로운 공존을 추구하였다. 그는 소련의 사무총장으로부터 우호적인 제의를 수락하였다. 고르바초프(Mikhail Gorbachev)는 무역 증가와 문화교역을 부시(Bush) 대통령과 은밀히 합의했다. 비록 열강들의 관계가 조금 불안정하기는 했지만, 걸프전 동안 그들의 이해관계가 일치했기 때문에 열강들은 1991년까지 약 20년 동안 긴장완화정책을 지속했다. 이 기간에 미국과 소비에트 연방은 이라크의 쿠웨이트 점령을 비난하고 이라크 지도자 후세인(Hussein)의 군대를 물리치는데 기여했다.

1992년, 소비에트 연방은 해체되었고, 유럽 분단의 상징인 베를린 장벽은 1989년 11월 허물어졌으며, 2차대전 이후 미국과 소련의 합의 결렬로 동서로 쪼개어져 있었던 독일은 연합군 4개국이 서명한 조약에 의해 에 의해 다시 합쳐졌다.

오늘날 정치적인 전망은 불확실하다. 대부분의 서유럽 국가들은 유럽연합(EU)에 가입되어 있으며, 무역이나 군사력에서 미국의존도가 약해졌다. 새로 독립한 동유럽 국가들은 나토(NATO)와 유럽연합(EU)에 문을 두드리고 있고, 더 느슨해진 러시아 연방 내에서 군사적 갈등이 있다. 마치 마샬 플랜(Marshall Plan)이 전쟁으로 찢긴 서유럽을 도왔듯이, 미국과 서유럽이 동유럽과 가난한 나라의 재건을 돕는 것이 적절해 보일 수도 있지만, 자칫 개입의 도가 지나치면 내정간섭으로 보일 수 있기 때문에 정확히 어느 정도까지 지원해야 하는지는 명확하지 않다.

탈냉전 시대에 클린턴 정부는 국제적인 여러 난제의 해결에 적극적이지 않았다. 그러나 그의 외교정책은 공화당과 민주당 모두의 지지를 얻어낼 만큼 성공적이었다. 그는 1992년 선거 유세에서 클린턴은 자유무역을 보다 활성화해서 국내 경제를 강화하는 외교정책을 공약으로 내세웠다. 따라서 1995년 캐나다, 멕시코, 미국 사이에 북미자유무역협정(North American Free Trade Agreement, NAFTA)이 체결되었으며, 우루과이와도 '관세무역일반협정'(General Agreement on Tariffs and Trade, GATT)을 맺었고, 상원에 의해 비준되었다.

8. 미국 경제와 자본주의

개요

미국 경제와 자유기업제도의 결합은 대단히 성공적이나, 나름의 문제가 없는 것은 아니다. 일찍이 미국의 정치가 알렉산더 해밀턴(Alexander Hamilton)의 시대부터 경제 분야에 대한 정부의 올바른 역할이 무엇인가에 논란이 있어왔다. 미국의 역사상 여러 시기에 정부는 특정 산업의 성장을 촉진하고 수입으로 피해를 입은 산업을 보호하기 위해 수입품에 관세를 부과하여 규제해 왔다. 부의 재분배를 위해서도 정부가 시장경제에 개입하는 등 정부의 역할은 각 시대의 요구에 따라 다양한 정책을 수립하고 있다.

미국의 경제는 자본주의 경제이다. 자본주의란 소수의 자본가에게 경제력이 집중된다는 점에서 부정적 의미를 함축한다. 따라서 대부분의 미국인은 자본주의를 자유기업, 다시 말하면 몇몇 자본가가 아닌 수백만의 보통 사람들에게 이익을 주는 제도로 해석하고 있다. 사상으로서의 자유 기업정신도 실생활에서 일반시민들에게 미치는 효과에 따라 평가된다.

생산자와 소비자가 경제주체일지라도 정부의 역할은 최소한 4가지 형태로 미국경제에 영향을 끼친다. 첫째는 서비스 분야로서 연방정부가 우정사업, 국방을 책임지며 교통망, 교육, 경찰, 소방 업무는 주(州)정부가 담당한다. 둘째는 규제와 통제로서 기업이 국민들에게 최대의 이익을 제공하도록 개인 기업을 지도하는 것을 말한다. 따라서 정부는 마약을 규제하고 식품의 기준을 결정하며 여타 산업에서도 운용지침을 정하기도 한다. 셋째는 안정과 성장을 도모하는 방식으로 공공지출을 조정하거나 연방예산, 금리를 통해 호황과 불황을 통제한다. 넷째는 정부가 기업과 개인에게 외국에 대한 경쟁력 향상을 위해서 각종 지원금, 교부금, 융자 등을 제공하는 것이다.

미국의 부는 개인이 2/3를 소유하고 국가와 기업체가 나머지 1/3을 소유하는 소비제경제가 특징이다. 미국에서 상품구매를 결정하는 요소는 저가의 고품질(high quality at low prices)로서 생산자와 공급자는 소비자 중심의 제품생산을 하고 있다.

미국의 부는 1990년을 기준으로 GNP 55조 달러이다. 그럼에도 불구하고 일부계층과 지역에서 빈곤은 심각한 문제가 되고 있다. 1990년 기준으로 4인 가족 13,360 달러 미만을 빈곤층으로 간주하며 약 12.8%의 가구가 이에 해당한다. 정부는 이들 가족들에게 교육비, 진료비, 무료식권 등을 제공하고 있다.

개인을 경제단위로 하는 미국경제의 문제는 경쟁이 빚어내는 경제적 혜택의 차별이다. 이에 대해 정부가 적절한 조치를 취할 수 있느냐 없느냐의 여부가 국민들이 자본주의 경제체제를 앞으로도 요구하느냐를 결정할 것이다.

A. 미국 경제의 특징

1 미국 경제의 기본 요소

모든 경제체계는 미래를 예측하고, 그 예측에 기반을 두고 상품과 서비스의 생산과 분배를 통해 사람들의 요구를 충족시키고자 한다. 경제 체계란 천연자원, 노동력 공급, 기술, 그리고 이에 필요한 재능을 모두 합친 메커니즘이다. 경제체계가 정치적 판단과 정책의 결과물이지만, 좀 더 넓은 시각으로 보자면 이것은 역사적 경험의 축적물인 동시에 시간이 흐르면 민족 문화가 된다.

경제체제의 첫 번째 요소는 천연자원이다. 미국은 광물 자원이 풍부하고 토양은 비옥하며, 기후도 좋다. 둘째, 가용 노동력이 경제 체질을 건강하게 한다. 전체적으로 미국은 경제가 꾸준하게 성장하는 데 필요한 충분한 노동력이 있다. 1차대전 직후에는 유럽계 이민자와 노예로서 미국 땅에 이주해온 미국 흑인들이 미국 노동력의 대부분을 차지했지만, 20세기 초반이 되자 아시아계 이민자가 몇 년 후에는 라틴 아메리카 출신 이주민이 미국의 부족한 노동력을 채웠다. 미국의 경제 성장이 빨랐기 때문에 새로운 이주민들은 열심히 일할 의지만 있다면 일자리를 구하는 데는 문제가 없었다. 따라서 이 무렵 미국으로 들어온 이민자는 대단히 많았고, 미국의 경제도 대단히 좋았다.

어떤 경제 체제에서든 고려해야 할 필수 요소는 열심히 일하고자 하는 노동의지와 노동의 숙련도와 같은 '가용 노동력의 질'이다. 우선 근면과 성실에 기초한 '노동 의지'는 미국의 개척지가 고된 노동을 요구했기 때문이기도 하지만, 프로테스탄트의 노동 윤리이기도 했다. 나아가 가용 노동력의 질을 높이고자 미국은 기술교육과 직업 교육을 포함하여 교육을 주안점을 두었다. 미국에서 기술의 실험, 혁신, 변화뿐만 아니라 기술 투자는 '자유'를 쟁취하기 위한 노력과 실험만큼이나 중요한 것이었다.

마지막으로, 기업 경영자는 시장의 요구에 응답한다. 기업가가 이윤을 남기면 그는 다시 새로운 프로젝트에 재투자하고, 투자금을 회수할 때 더 많은 이윤을 남기기를 원한다. 이것은 소비자가 무엇을 원하는지, 즉 소비 수요에 대한 조사에 근거하여 결정된다. 현대의 미국은 효율적인 경영 관리 체계를 개발해왔고, 이것은 부두의 선적 감독관에서부터 최고경영자에 이르기까지 업무가 자연스럽고 효율적으로 진행될 수 있도록 했다. 20세기 초에 이르면 미국 사업체의 경영 관리는 체계적 분석에 기반을 둔 "과학 경영"을 지향했다.

2 혼합 경제 체제

미국의 경제 체계는 원칙적으로 사유재산제도이다. "자유기업제도"(free enterprise system)라고도 불리는 이 체계는 생산수단의 공

Money is God here

공성을 강조하고 정부 주도의 경제를 추구하는 사회주의 경제 체계와 상반된다. 미국의 경제 체계에서 소비자, 생산자 그리고 정부가 가격 체계를 결정한다. 즉 세 그룹의 역동적인 상호작용이 경제를 움직인다. 그러나 시장의 주된 힘은 생산자와 소비자 사이의 상호작용이며, 이것이 "시장 경제"의 원칙이다.

원칙적으로, 소비자는 가장 저렴하고 가장 질 좋은 상품에 돈을 지급하고, 생산자는 가장 많은 이익을 창출할 수 있도록 물건 가격을 책정한다. 또한 정부는 민간 사업체가 아닌 공기업이 운영해야 하는 사업을 지정하고 이를 제공한다. 공공서비스에는 재판, 도로 체계, 우편 사업(전화 제외), 사회 통계 보고, 국방 등이 포함되며, 사립학교나 사립 교육 센터가 많이 있기는 하지만 교육 역시 공공서비스에 해당한다.

자유 경제 체계에서 누구나 자유롭게 기업을 운영할 수 있다. 이론상, 공정하게 경쟁하지 않거나 수요와 공급의 법칙을 어긴다면 그 기업은 시장에서 추방되고, 가장 질 좋은 상품과 가장 효율적 서비스를 제공하는 업체만이 살아남는다. 이렇게 이익을 극대화하기 위해서 각 업체는 순수한 경쟁에 뛰어든다.

대부분의 미국인은 소비자인 동시에 생산자이면서, 또한 정부의 결정에 영향을 주는 유권자이다. 미국인의 역할은 소비자로서 생산자로서 유권자로서 시시때때로 변화하면서 역동적인 경제를 창출한다. 최근에 공정 거래 위반에 대한 소비자의 우려가 커지자 정부는 소비자의 권익을 보호하고 보편적 공공복지를 증진시키기 위한 소비자 보호 단체를 세웠다.

미국 경제는 다른 부문에서도 상당한 변화를 겪었다. 초기의 미국이 농장 경영에서 많은 노동력이 필요했다면 오늘날은 많은 노동인력은 농촌에서 도시로, 농장에서 공장으로, 그리고 더욱 최근에는 서비스 산업으로 이동했다. 통계로는, 오늘날 농업과 제조업 종사자보다는 (민간이든 공공이든) 서비스 산업 종사자가 훨씬 더 많고, 자영업 종사자보다 봉급 생활자가 훨씬 더 많다.

B. 미국 경제사

1 식민지 시대의 경제 (1607-1776)

미국 경제 성장의 역사는 16, 17, 18세기에 걸쳐서 유럽인이 경제적 목적에서 미국에 정착하면서 시작되었다고 할 수 있다. 청교도가 매사추세츠(Massachusetts)에 식민지 정착촌을 건설하고 나서, 17세기 식민지 개척지는 일종의 벤처 기업의 성격을 띠었다. 플리머스(Plymouth)에 처음 정착한 청교도 인들도 종교적 목적 이외에 경제적 목적이 없었다고는 할 수 없었다.

일확천금을 찾아 미국에 도착한 초기 유럽인들은 좌절했다. 미국 동부 해안에서는 금은 찾아볼 수 없었고 농사를 지으려면 벌목을 하고 개간을 해야 했다. 노동력은 부족했고, 상황은 나빴다. 그들은 일확천금이 아니라 생존에도 급급했다.

경제적 수입을 기대할 수 없게 되자 영국 본토 투자자들은 제임스타운(Jamestown)과 플리머스 식민지를 아메리카에 도착한 정착자에게 넘겼다. 당대의 영국인들은 깨닫지 못했지만, 이 결정은 엄청난 정치적 파괴력을 지니고 있었다. 즉 식민지 정착자들이 스스로 공동체를 건설하고, 생존을 모색해야 한다는 것은, 사실상, 새로운 국가의 기초를 다지는 것과 다를 바가 없었기 때문이다.

매사추세츠 초기 식민지에서 주된 수익원은 어업이었다. 그러나 대부분의 초기 정착자들은 작은 농장을 짓고 자급자족하는 데 만족했다. 영국이나 유럽과 멀리 떨어져 있었기 때문에 그들은 가능한 한 모든 것을 스스로 만들어서 사용했다. 그들은 양초와 비누, 옷과 같은 생필품들은 직접 만들었고, 음식과 맥주를 부패하지 않도록 가공처리했다.

노스캐롤라이나(North Carolina), 사우스캐롤라이나(South Carolina), 버지니아(Virginia)의 대규모 농장과 몇 개의 소도시에서는 담배, 쌀, 그리고 인디고 등을 수출하고, 생활필수품과 사치품을 수입할 수 있었다. 따라서 남부 지역에서 무역 거래는 좀 더 빨리 성사되었다.

18세기에 접어들자, 북부와 남부의 경제 성장의 패턴이 분명해졌다. 뉴잉글랜드 식민지에서는 큰 규모의 조선업과 커다란 크기의 선박 제조자와 선박업 경영자들이 생겨났다. 반면, 남부의 메릴랜드(Maryland), 버지니아(Virginia), 그리고 캐롤라이나(Carolina) 주의 대규모 농장은 담배, 쌀, 인디고 등의 주요 작물들을 길렀다. 중간지대인 뉴욕주(New York)와 펜실베니아(Pennsylvania), 뉴저지(New Jersey), 그리고 델라웨어(Delaware)에서는 일반 작물과 모피 등의 선적과 운송을 담당했다.

이 세 지역에서 영국 본토보다 노동자의 삶의 질은 더 높았다. 식민지가 큰 수익을 내지 못했기 때문에 영국 본토의 자본 투자자들은 철수했고, 이로써 아메리카의 경제는 정착자들의 손에 넘어갔다. 이 결과, 1770년이 되자 북미의 식민지들은 어느 정도 자치 정부를 결성할 준비가 되어 있었다. 그리고 영국과 아메리카 식민지 사이에 인두세와 같은 세금과 법규정 등을 두고 분쟁이 일어났고, 영국이 아메리카 식민지인들의 요구에 응하지 않자, 1775년 4월,

미국 독립으로 이어질 전쟁이 발발했다. 전쟁은 새로운 국가인, 미국의 독립을 선언하는 평화협정이 1783년에 체결될 때까지 지속되었다.

2 신국가시대 경제 (1776-1820)

미국 헌법은 1787년에 제정되었고 오늘날에도 여전히 유효하다. 미국 헌법은 다양한 면에서 창조적인 천재의 작품이라고 해도 과언은 아니다. 헌법은 경제 헌장으로서 미국의 전 지역을 전국 "공통"의 시장으로 통합했다. 주와 주 사이의 상거래에 대한 세금이나 관세는 없었다.

연방정부는 국제 무역과 주들 간의 무역을 관할했다. 즉 연방 헌법은 전국적으로 동일한 채무자 파산 관련 법령을 제정했고, 화폐를 주조하고 환율을 관리했고, 무게와 도량형의 측정 기준을 정했고, 우체국과 우편 운송 경로를 확립했고, 특허법과 저작권법을 만들었다. 그리고 마지막 조항에서는 초기 형태의 "지적 재산권"을 인정하는 법령이 도입되었다.

알렉산더 해밀턴(Alexander Hamilton)은 연방 정부가 보조금과 보호 관세를 통해 초기 산업들을 육성하는 것이 경제 발전의 방법이라고 주장했다. 그는 또한 국립 은행을 만들고, 독립 전쟁 동안 생겨난 각 주가 진 빚을 연방정부가 인수해야 한다고 주장했다. 그리고 해밀턴에 의해 생겨난 보호 관세 제도는 20세기 중반까지 미국

주요 경제 정책 중의 하나가 된다.

해밀턴의 정치적 라이벌인, 토머스 제퍼슨(Thomas Jefferson)은 정치적, 경제적 횡포로부터 일반 국민을 보호하기를 원했다. 그는 특히 자작농을 "가장 가치있는 시민"이라고 칭찬했다.

많은 미국인에게, 서부 개척과 남서부의 개척은 개인주의의 유산이며 미래에 대한 낙관적 전망으로 특징지어진다. 남부 농장주들은 소규모 농장주들로부터 토지를 사들여서 대농장을 경영했고, 노동력은 흑인 노예로 충당했다. 이런 방식으로 그들은 부를 축적하고 큰 성공을 거두었다.

미국으로의 이주는 크게 세 단계로 구분된다. 가장 초기는 개인주의적 개척자들로 사냥과 낚시로 생계를 유지했다. 그들의 농경기술은 제한되어 있었고, 말 한 필, 소 한 마리, 돼지 몇 마리, 그리고 몇 마리의 닭을 키웠다. 한마디로 그들의 생활수준은 낮았다. 두 번째 단계의 이주민들은 토지를 사들이고 숲을 개간해서 농지를 만들고 그 땅에 정착했다. 이 단계의 이주민들은 대부분 자급자족에 만족했다. 그리고 세 번째이자 마지막 단계의 이주민들은 풍부한 자본을 가지고 있었다. 그들은 상승하는 부동산 가치를 이용했고, 수익성이 높은 사업을 생각할 수 있었다. 그들의 거의 모든 농장은 완전히 시장 지향적인 반-농촌 공동체(semi-rural communities)가 되었다.

3 서진운동과 불확실성 경제 (1820-1860)

1820년 무렵 많은 미국인은 더 많은 기회와 부를 찾아서 여전히 서쪽으로 이동하고 있었다. 직접적으로든 간접적으로든 어떤 형식의 정부 개입도 반대했다. 그러나 정부 주도로 건설된 컴블랜드 파이크(Cumberland Pike, 1818)와 이리운하(Erie Canal, 1825)과 같은 국영 운송로는 농작물의 시장 판매를 용이하게 했다. 연방 정부의 지원으로 무상으로 땅을 불하받아 세워진 많은 '랜드 그랜트 대학'(land-grant colleges)은 농촌 젊은이들이 교육 혜택을 받을 수 있도록 해주었고 독립 농가의 복지를 향상시켰다. 이 시대의 미국인들은 경제적 참여를 통해 성공을 꿈꾸었던 세대다.

1829년 앤드루 잭슨(Andrew Jackson, 1767~1845)이 7대 대통령이 되었을 때, 미국인들은 그를 그들의 기호에 맞는 개인주의자로서 이상화했다. 잭슨 대통령은 개척지 출신 최초의 대통령으로서 특히 서부의 농민, 남부의 농업경영자 등의 광범위한 지지를 얻어 당선되었다. 그는 연방의 인가가 끝나고서 다시 새로운 연방은행을 세우는 것을 반대했고, 연방은행 대신에 연방정부의 예산을 자신의 지지자들이 운영하는 여러 곳의 주 정부 은행에 예치했다.

그러나 잭슨 대통령이 취한 일련의 조치들에 연방 은행 측이 강력하게 반발하면서 1834년과 1837년, 자금 회전에 문제가 생기면서 많은 기업이 위기에 처하는 일시적 공황사태를 가져왔다. 동부 지역은 자금공급이 원활하지 않아 고통을 받았지만, 반면 서부 지역의 주 정부 은행들은 정부 예산을 받아들임으로써 자금 운용이

보다 여유가 있게 되었지만, 이것은 도리어 이 지역에 부동산 투기를 활성화했고, 인플레이션을 낳았다.

흉년으로 말미암아 유럽에서 밀을 수입해야 했던 1835년 첫 번째로 미국 경제에 이상 신호가 발생했다. 경제 불황을 두려워한 일부 수입업체는 고객들에게 신용을 연장하는 것을 거부했다. 국가 금융 체계에 대한 신뢰가 흔들렸고 서부 지역의 은행들이 문을 닫기 시작했다. 이 기간에, 영국 무역상인들은 미국 판매 대금을 수금하지 못했고, 그 중 다수가 파산했다. 영국의 면화 공장은 폐쇄되었고, 미국 면화 수출 통로가 사라졌다. 이러한 경제 불황은 1837년 여름까지 계속되었다. 그러나 이 공황은 일시적이었고 19세기의 급격한 미국 경제 성장을 축소하지는 않았다.

1861년, 에이브러햄 링컨(Abraham Lincoln, 1809~1865)이 대통령으로 선출되었을 당시 도시 거주 인구는 약 16%에 이르렀고, 제조업에서 국가 총 생산의 30% 이상을 담당했다. 대단위 산업 단지가 건설되었고 특히 대륙횡단철도 건설에 많은 자금이 충당되었다. 산업화된 도시가 번성했고, 면직물 산업이 경제발전에 주도적 역할을 했으며, 신발, 모직물, 기계 생산 산업 역시 지속적 성장세를 보였다.

반면, 옛 남부는 여전히 농업 중심 사회였고, 금융이나 제조업은 북부 산업에 의존하고 있었다. 따라서 노예무역이나 노예 노동력 등을 포함하여, 남부의 경제는 연방정부의 정치에 의해 좌우될 수 있었고, 남부가 연방 정부에 영향력을 행사할 수 있을 때에만 보호될 수 있었다. 그러나 에이브러햄 링컨의 대통령 당선과 잇따른 남북 전쟁(1861-1865), 그리고 북부의 승리는 미국의 경제가 농업 중심적 남부가 아닌 산업화된 북부를 중심으로 발전하게 될 것이라는 것을 보여주었다.

4 발명, 자원개발, 재벌의 등장 (1860-1900)

19세기 후반은 발명과 발견의 시대이다. 다음은 주요 발명품 목록이다.

◇ 1859 - 서부 펜실베니아(Pennsylvania)에서 석유 발견
◇ 1868 - 숄즈(G.L. Schole), 실용 타자기의 상품화
◇ 1875 - 스위프트(G.F. Swift), 냉장 화물 열차 운행
◇ 1876 - 벨(Alexander G. Bell), 전화 발명
◇ 1877 - 에디슨(Thomas A. Edison), 축음기 발명
◇ 1879 - 셀던(George Selden) 가솔린 엔진 특허 승인
◇ 1882 - 에디슨(Thomas A. Edison)의 뉴욕 전등 공장 설립
◇ 1903 - 라이트 형제(The Wright brothers)가 비행기 비행 성공

중서부의 슈피리어 호수(Lake Superior)에서 철광산이 발견되면서, 1850년부터 광산업의 중요성이 인식되기 시작했다. 석유가 발견되자, 록펠러(John D. Rockefeller)는 앞으로 석유생산이 엄청난 부와 성공을 가져다줄 것이라고 믿었다. 전보과 전화의 발명으로 통신은 미국을 하나의 나라를 하나로 묶어줬다. 또한 철도 건설은 철강, 석탄, 석유와 전력 등 기초 산업의 성장을 도왔다.

그러나 오늘날과 같은 진정한 대량 생산 체계가 완성된 것은 헨리 포드(Henry Ford, 1863~1947)에 의해서였다. 1913년에 그는 자동차 생산라인에 효율적 분업 체계를 도입하여 생산조립라인에 의한 양산 체제인 포드시스템을 확립했다.

미국은 성공한 사업가를 이상화하고, 역할 모델로 삼는다. 1850년대의 대륙횡단 철도 건설과 함께 시작된 19세기 후반부는 재계의 거물로 성장한 사업가들이 정부에 영향력을 미치기 시작한 때라고 할 수 있다. 재계의 거물이 된 그들은 모든 사물을 경제적 성공의 관점에서만 바라보는 외골수였다. 제이 굴드(Jay Gould), 존 모건(J. P. Morgan), 앤드류 카네기(Andrew Carnegie), 존 록펠러(John D. Rockefeller)와 헨리 포드(Henry Ford)등이 이 시대의 재계를 대표한다. 당시의 기준에 따른다해도, 이 중 일부는 정직했지만, 나머지는 그들의 뇌물이나 압력행사을 통해서 더 많은 부와 권력을 추구했다.

포드와 자동차

미국 금융계의 대부, 존 피어폰트 모건(John Pierpont Morgan, 1837~1913)의 규모는 우리의 상상을 초월한다. 그는 사업 수완은 대단했지만, 개인적으로 도박을 즐겼고, 요트를 탔으며, 화려한 파티를 개최하기도 하고, 호화로운 주택과 유럽의 예술품을 진품으로 사들이기도 한 인물이다. 반면, 존 록펠러와 헨리 포드는 청교도적인 기질의 재력가다. 그들은 시골 마을의 소박한 가치와 생활 방식을 유지하고자 했다. 교회의 성실한 신도로서 그들은 다른 사람에게 책임감을 느꼈다. 그들은 개인적인 미덕의 소유자였고 그것이 성공의 지름길임을 증명했고, 절약과 근면을 일종의 복음으로 전파한 인물들이다.

그러나 1930년 대공황기를 지나면서 재벌의 이미지는 이제는 이상적인 미국인의 역할 모델이 될 수 없었다. 존경받는 재계의 거물은 이제 소수였고, 고급기술관료(technocrat)로 불리는 전문적 기술과 관리 능력을 갖춘 전문가들이 기업을 이끌게 되었고, 재계의 수장이 되었다.

오늘날 대기업 총수들은 리더들은 종종 사회의 공공 영역에 미치는 영향력은 크다. 그들은 대학의 이사직을 맡기도 하고 지역 사회 위원회에 참석하기도 하고 주요 국가 정책에 대해서 연방 정부와 협의를 하기도 한다. 그들이 공개적으로 미국 정부에 영향력을 행사하거나 막후조종을 하지는 않지만, 그들의 영향력은 여전히 대단하다.

5 정부 개입 경제 (1900-1945)

연방 정부의 전통적인 역할은 법과 치안 유지이며, 시장 경제에 개입하지 않는 것이 원칙이었다. 그러나 19세기 후반기에 접어들자, 정부의 경제 불간섭 원칙은 변화하기 시작했다. 19세기 말을 지나, 20세기로 접어들면서 중산층이 성장했고, 진보적 성향의 중산층은 공정한 경쟁의 원칙이 지켜질 수 있도록 정부가 적극적으로 규제해줄 것을 적극적으로 요청했다.

1887년 철도규제법이 주간무역조례(Interstate Commerce Act)로 발효되었고, 1890년에는 대기업의 독점을 막고자 '독과점 방지법'인 셔먼 반트러스트법(Sherman antitrust act)이 제정되었다. 이러한 종류의 법안들이 1900년에서 1920년까지 엄격하게 시행되었다. 이 기간에, '주간 통상위원회'(Interstate Commerce Commission), '미 식품 의약국'(Food and Drug Administration)과 '연방 통상위원회'(Federal Trade Commission) 등과 같은 많은 규제 기관이 설립되었다.

1930년대 "뉴딜" 정책의 결과로 연방 정부의 경제 개입은 대폭 증가하였다. 1929년 주식시장의 붕괴는 심각한 경제 혼란을 일으켰고, 대공황(Great Depression, 1929-1940)으로 이어졌다. 뉴딜의 법제화는 금융, 농업, 사회 보장 그리고 공공복지 등을 포함하여 거의 모든 분야의 연방 정부 부서의 권한을 강화했다. 최저임금제, 법정노동시간, 여러 형태의 정부 보조금과 보장제도 등을 만들어서 정부는 노동문제에 대처하고자 했다.

2차대전 동안, 연방정부는 이전에 선례가 없었던 경제 정책을 펼친다. 전쟁 중이었기 때문에 정부는 전시물자생산위원회(War Production Board)를 창설하여, 국가의 생산력을 전쟁물자를 먼저 생산할 수 있도록 조정했다. 이에 따라 소비재 생산 공장은 군수품을 생산하게 되었고, 자동차 공장은 탱크와 비행기를 생산함으로써 미국 전역이 "민주주의 병기창"(arsenal of democracy)이 되었다. 국민 소득이 증가하자 정부는 인플레이션을 막고자 물가관리청(Office of

Price Administration)을 신설하여 주택임대료를 관리하고 설탕에서 휘발유에 이르기까지 소비 제한 품목을 규제했다.

6 전후 미국 경제 (1945-1960)

2차대전이 끝나자 많은 미국인은 대공황이 다시 닥칠까 두려워했다. 그러나 우려와는 반대로 전후의 미국 경제는 탄탄했고, 빠르게 성장했다. 국민총생산은 1940년 2조 달러에서 1950년 3조 달러로 1960년 5조 달러에 이르렀다. 또한 전후의 "베이비 붐"은 소비의 증가를 가져왔고, 중산 계층은 더욱 두터워졌다.

경제 성장의 원인은 다양했다. 전시에 탱크와 폭격기를 생산했던 자동차회사는 다시 자동차 생산에 들어갔고 항공, 전자와 같은 새로운 산업이 급격하게 성장했고, 주택시장 또한 호황기를 맞았다. 한국 전쟁 등 덕분에 군사비 지출도 늘어났다. 또한 기업합병도 늘어났다. 예를 들어, 국제전신전화통신회사(International Telephone and Telegraph Co.)는 쉐라톤 호텔(Sheraton Hotel), 콘티넨털 은행(Continental Banking), 하트퍼드 화재 보험(Hartford Fire Insurance), 에비스 렌터카(Avis Rent-a-Car) 등을 합병 인수했다.

미국의 노동 상황 또한 변화를 겪었다. 1956년이 되자 육체노동 종사자인 블루칼라보다 화이트칼라, 즉 사무직 노동자가 훨씬 더 많아졌다. 동시에 노동 단체는 장기 고용 계약을 맺었고 더 나은 임금과 혜택을 얻었다. 그러나 기계화의 결과로서 농업경제는 위축되었다. 그리고 농업 생산성의 향상은 과잉 생산으로 이어졌고, 소규모 가족 농장은 경쟁으로 말미암아 사라질 위기에 처했고, 점점 더 많은 농부가 농촌을 떠났다.

전후 시대의 또 하나의 두드러진 점 중 하나는 중산층의 생활터전이 도시에서 도시근교(suburbs)로 바뀌었다는 사실이다. 우선 핵가족이 증가했고 자동차 구입이 폭발적으로 증가하면서 중산층들이 복잡한 도심을 벗어나기 시작했다. 기술 혁신과 더불어 휴스턴(Houston), 텍사스(Texas), 애틀랜타(Atlanta), 조지아(Georgia), 마이애미(Miami), 플로리다(Florida), 피닉스(Phoenix), 애리조나(Arizona)와 같은 "썬 벨트"(Sun Belt) 지역이 급속한 발전을 이루었다.

정부 주도로 고속도로가 건설되자, 더 많은 중산층이 도시 근교로 이동했고, 따라서 비즈니스 패턴 역시 바뀌었다. 2차대전 이후 쇼핑센터는 8개에서 2,840개로 증가하였고, 많은 산업도 도시를 떠나서 좀 더 한적한 곳으로 장소를 옮겼다.

7 변화의 시대 (1960-1970)

미국의 1950년대는 순응의 시대다. 반면 60년대의 케네디 대통령(John F. Kennedy)은 대대적인 저항의 시대를 보내야 했다. 그는 미국인들에게 "뉴 프론티어"(New Frontier)라는 국내 법안 프로그램을 제안했다. 그러나 케네디의 경제 정책은 대부분 실현되지 않았다. 이 정책의 하나로, 그는 평화 봉사단(Peace Corps)을 설립했고, 개발도상국을 지원하기 위해 해외자원봉사단을 파견했다. 케네디의 또 다른 정책은 미국 우주 탐사 프로그램이었다. 케네디의 우주 탐사 프로그램과 베트남 전쟁에서 미국 역할의 확대 정책은 연방정부의 지출 증대를 가져왔고 이는 60년대의 번영에 기여했다.

케네디에 이어서 대통령직에 오른 린든 존슨(Lyndon B. Johnson)은 많은 사회 복지 프로그램을 신설했다. 그는 "가난에 대한 전쟁"을 선언하고, 가난한 사람들과 노인들에게 의료 지원을 제공하는 프로그램을 만드는 데 성공했다. 또한, 1960년대는 환경오염과 환경 위기에 대한 경각심이 고취된 시기이기도 하다. 산업화로 말미암은 대기오염과 수질오염을 막고, 자연환경과 토양을 보존하는 일은 시급했다. 따라서 연방 정부는 환경 보호를 위한 많은 규정을 제정했다.

그러나 1960년대 말이 되자, 경제적 호황기가 끝나고 인플레이션이 시작되었다. 1973년에서 1974년까지 아랍 석유 파동은 미국 전역에서 원료 부족을 일으켰다. 아랍 회원국들이 석유 선적 거부 사태가 끝난 이후에도 석유 가격은 내려가지 않았고 에너지 가격의 엄청난 인상은 엄청난 실업률의 상승으로 이어졌다. 따라서 1974년에서 1979년까지 솟구치는 인플레이션과, 연방 예산 적자, 국제 경쟁의 심화, 높은 실업률, 심화 외국 경쟁, 높은 실업률, 경기 침체 등에서 벗어나지 못했다.

8 레이건노믹스(1980-1990)

1980년이 되자 1970년대의 연방 정부의 정책에 대해 미국인들은 많은 불만을 표현했다. 레이건(Ronald Reagan) 대통령은 레이건노믹스(Reaganomics)로 알려진 '공급 중시'(supply-side) 경제 정책을 펼치기 시작했다. 이 정책은 더 강도 높은 노동과 장시간의 노동을 요구했다. 공급 중시 경제학이란 저축을 장려하고 투자를 활성화하여 생산을 늘리고 경제를 활성화하기 위한 정책이었다.

레이건의 정부는 70년대의 경제적 실패가 지나친 세금부과의 결과이며, 비대해진 연방정부의 역할에 원인이 있다고 보았다. 1980년대 초반, 레이건은 세금을 감면하고, 연방정부의 예산을 삭감했다. 또한, 그는 재임 동안 정부 규제를 줄이기 위한 캠페인을 진행했다.

그러나 경기는 쉽게 좋아지지 않았다. 특히 1982년의 경기후퇴는 심각했다. 기업 파산은 전년 대비 50%가 증가했고, 농산물 수출은 감소했고, 농민들의 가장 타격이 컸다. 국내 농작물 가격이 하락하고, 금리는 상승했다. 그러나 경기 침체가 인플레이션을 억제하는 데 도움이 되었고, 1983년이 되자, 경제가 다시 살아났다. 2차대전 이후에 미국은 다시 큰 경제성장을 하게 된다. 인플레는 1983년부터 1987년까지 5% 이하로 떨어졌다.

미국 경제는 1991년 잠시 불경기를 맞았으나 1992년이 되자 천천히 회복하기 시작했다. 경기가 다시 둔화하면서 연방 예산 적자가 다시 늘어나기 시작했다. 주식시장이 회복됐음에도, 금융권의 움직임은 불안했다. 1990년대는 신용대출시장이나 여러 문제가 산재해있었다. 반면, 컴퓨터, 항공 우주 및 수출 산업과 같은 경제의 다른 부문은 전체적으로 지속적인 성장 가능성을 보여주었다.

9. 미국 과학과 테크놀로지

개요

문화로서 과학은 조직화된 호기심을 바탕으로 한다. 그것은 미신, 신화, 우화, 환상이 아니라 객관적인 개념, 언어, 가치, 방식이다. 미국은 광활한 황무지 덕분에 항상 과학과 탐험의 중심이 되어 왔다. 알렉시스 토크빌(Alexes Tockvill)은 『미국의 민주주의』(*Democracy America*)에서 "민주주의라는 사회적 여건은 사람들에게 즉각적이고 실용적인 과학의 결과를 추구하도록 마련해 준다."고 말한 바가 있다. 그의 말은 미국인들이 세계과학문화에 기여한 노력을 긍정적으로 평가하는 말이다.

미국인은 "제2의 위대한 발견의 시대"의 주인공이다. 그들은 대양과 대륙을 탐험하고 미지의 땅을 측량하였다. 컴퓨터, 전기, 전자 분야, 우주항공 외에도 생명공학 등 실용적인 분야에서 놀라운 발명을 이루어왔다. 실용교육을 바탕으로 한 미국의 이러한 발견과 발명은 현대과학에 크나큰 기여를 하였고, 현대과학의 근간을 형성하게 되었다.

미국의 과학은 실용주의뿐만 아니라 불확실성을 바탕으로 함으로써 미국의 철학적, 종교적 위기를 야기시켰다. 그러나 존 듀이(John Dewey)를 비롯한 미국의 실용주의 학자들은 전통적이고 절대적인 법칙에 의해 구속되지 않는 과학적 방법 그 자체를 공공철학의 이상적인 안내자라고 선언함으로써 만족스러운 해결책을 모색하였다. 그들에게 있어 과학의 미해결성 (Openendedness)은 미국의 꿈과 동의어이다. 실용주의 철학은 미국의 교육, 철학, 과학 등

제반 사상의 토대가 되고 나아가 세계의 평화와 번영의 바탕이 되고 있다.

미국의 과학자들이 기초과학과 응용과학 분야에 본격적으로 공헌한 시기는 불과 40년 이내이다. 그럼에도 불구하고 미국은 형광등, 재봉틀, 조면기를 비롯하여, 전화, TV, 컴퓨터, 비행기, 우주선에 이르기까지 기술과 발명의 선두 주자가 되었다. 현재 미국은 이 분야 외에도 여타 분야에서도 주도적 역할을 하고 있다.

미국의 과학과 기술을 지원하는 중추기관에는 연방정부, 대학교, 개인 기업체, 사설 재단이 있다. 이들 기관들은 매년 연구 개발비로 막대한 기금을 투자하여 743,000 명의 과학자와 기술자를 고용하고 있다. 이와 같은 연구개발비와 우수한 인력 덕분에 세계의 과학과 기술 발달에 기여하는 미국의 공헌은 참으로 지대하다. 근래 초미립자의 발견, 지진의 예측, 태양과 행성의 기원과 진화의 연구를 비롯하여, 암과 심장병과의 투쟁, 인체 기관의 이식 수술, 유전자 연구와 새로운 에너지원의 개발에 이르기까지 다양하다.

과학적 목표는 달과 화성과 토성까지 과학의 영역을 확산시키는 것이 아니라 인문주의와 연합한 과학문명을 조성하는데 있다. 과학의 본질은 우리 인류가 어디에 있는가, 어디로 향하고 있는가 라는 철학적 질문이 바탕이 된 해결책이다.

1 우주 개척사

미국 항공우주국(NASA)은 1958년 최초로 위성을 발사했으며, 그 후 무인우주선과 유인 우주선 수백 대를 발사했다. 이 결과 기초과학과 응용과학기술의 완전한 새로운 장을 열었다. ATS-6와 같은 실험 통신 위성은 건강과 의료 장비의 발전의 새로운 장을 열었고, 다른 위성들은 선박의 항해뿐만 아니라 해상에서의 항공 교통관제와 탐색과 구조 작업에 내비게이션을 지원했다.

아폴로 달 착륙

여섯 번에 걸쳐 이루어진 아폴로(Apollo)의 역사적 달 착륙은 또 다른 천체 실험을 가능케 했다. 이 탐사에서 미국 우주 비행사들은 달의 표면과 내부 속성을 조사하기 위한 여섯 군데의 지구 물리학적 관측소를 설치하고 800파운드(360킬로그램) 이상의 달 암석과 물질들을 가져왔다.

다른 행성 간의 무인 탐사에서, 마리너 10호(Mariner 10)는 태양에 가장 가까운 행성인 수성을 세 번이나 지나갔고, 수성이 지구와 달과 유사하다는 것을 밝혔다. 바이킹(Viking)호는 기상과 지질학적 자료를 제공하여 지구의 상태를 잘 이해할 수 있도록 해주었고, 또한 화성 표면의 경관을 담은 사진을 제공했다. 1973년과 1974년,

파이어니어 10호(Pioneers 10)와 파이어니어 11호(Pioneers 11)는 최초로 목성 근접 촬영을 했고, 11호는 1979년 9월 고리 있는 행성인 토성에 도달했다.

1980년 11월 보이저 1호(Voyager 1)가 토성을 선회했을 때, 세 개의 위성을 더 발견했고 토성 주위를 도는 천 개 정도의 모호한 고리를 발견했다. 보이저 2호의 덕분으로 새로운 사실을 추가로 발견하였으며 새로운 우주 경관 사진을 전송받았다. 그 후 1986년에는 천왕성, 1989년에는 해왕성에 접근하여 자료를 제공했다.

최근 미국의 주요 우주 프로그램은 좀 더 경제적이고 좀 더 자주 왕복이 가능하며 재사용이 가능한 우주왕복선의 개발을 국제적인 차원에서 진행하고 있다. 캐나다에서 부설한 기계로 우주 왕복선은 궤도를 도는 위성을 수리할 수 있다. 유럽우주국(European Space Agency)이 고안한 화물칸은 물건을 옮길 수 있다. 이것은 다른 나라의 과학자들이 재료를 가공하고 천문학과 생명과학의 실험을 수행할 수 있도록 해준다. 최초의 우주 왕복선은 콜롬비아(Columbia)호, 챌린저(Challenger)호, 디스커버리(Discovery)호와 아틀란티스(Atlantis)호로 구성되었다. 챌린저호는 1986년 1월 발사 73초 후에 폭발했고 탑승 중인 7명의 우주비행사가 사망했다. 이로 말미암아 우주왕복 계획은 당분간 중지되었다.

2 컴퓨터 발전사

2.1 하드웨어의 역사

Harvard Mk I

컴퓨터의 기원은 1943년에 만들어진 '하버드 Mk I'(Harvard Mk I)와 콜로서스(Colossus)이다. 콜로서스는 1943년 말에 영국에 설치된 전자 컴퓨터로 독일의 암호 체계인 로렌즈(Lorenz) 암호를 해독하기 위해 만들어졌다. '하버드 Mk I'은 IBM의 후원으로 하버드 대학에 설치된 좀 더 일반적 목적의 전기-기계 프로그래밍이 가능한 컴퓨터였다. 아 두 컴퓨터는 '1세대' 컴퓨터 중에서도 최초에 속한다.

1세대 컴퓨터는 진공관을 둘러싸는 전신회로를 기반으로 했고 주 기억 매체(비휘발성)로 천공카드를 사용했다. 이 시대의 보편적 목적의 컴퓨터인 'ENIAC'(전자 숫자적분 및 계산기)는 1946년에 완성되었다. ENIAC은 1세대 컴퓨터의 전형이었고, 무게는 30톤, 18,000개의 전자관을 포함하고 25KW의 전력을 소비했다. 하지만, ENIAC은 초당 놀라울 정도인 10만대의 계산기의 능력을 해냈다.

컴퓨터 역사상 다음 주요 단계는 1947년 트랜지스터의 발명이었다. 트랜지스터는 훨씬 작고 신뢰할 수 있는 요소로 비효율적인 밸

브를 대신했다. 트랜지스터 컴퓨터는 '2세대' 컴퓨터라 불리고 1950년대 후반과 1960년대 초반을 독점했다. 트랜지스터와 인쇄 회로 사용에도, 1세대 컴퓨터들은 부피가 컸고 대학과 정부기관에 주로 사용되었다.

컴퓨터 사용의 급증은 '3세대' 컴퓨터와 함께 시작되었다. 3세대 컴퓨터는 킬비(Jack St. Claire Kilby)의 집적 회로 또는 마이크로칩의 발명에 의존했다. 최초의 집적 회로는 1958년 9월에 제작되었지만 이를 사용하는 컴퓨터는 1963년이 되어서야 생겨났다. I.B.M. 360와 같은 큰 '컴퓨터 본체' 저장소와 처리기능을 훨씬 증대시켰지만, 집적 회로는 컴퓨터를 다수의 소규모 사업에 사용 가능하게 한 소형컴퓨터를 발전할 수 있게 했다.

1971년 11월, 인텔은 세계 최초의 마이크로프로세서인 4004와 4세대 컴퓨터가 기반으로 하는 기술을 선보였다. 그 마이크로프로세서는 단일 칩에 컴퓨터의 처리기능 대부분을 두었다. 인텔의 다른 발명인 RAM 칩(단일 칩의 메모리 킬로비트)으로 인해, 마이크로프로세서는 4세대 컴퓨터가 예전보다 훨씬 작고 빠른 컴퓨터를 만들었다. 4004는 초당 6만 가지의 명령 수행이 가능했지만, IBM PC에 사용된 인텔의 모든 프로세서와 호환 가능한 컴퓨터들이 토대로 하는 8086같은 그 후의 프로세서는 컴퓨터가 훨씬 더 빨라진 속도와 힘을 갖도록 했다.

이제 슈퍼컴퓨터는 매우 막강해졌고 Cray-1는 1초에 1억 5천만의 부동 소수점 연산을 할 수 있었다. 마이크로프로세서는 초소형 컴퓨터와 보통 사람들이 이용할 수 있게 작고 가벼운 개인 컴퓨터를 만들 수 있게 되었다. 최초의 개인 컴퓨터인 'MITS Altair 8800'

은 1974년 말에 선보였지만, 그 후 Apple I과 Apple II, Commodore PET이 그 뒤를 이었고 1981년에는 최초의 IBM 컴퓨터가 출시되었다.

1972년 이래로 처리 능력과 기억능력이 장족의 진보를 이루었지만, LSI(대규모 집적 회로) 혹은 VLSI(초고밀도 집적 회로) 마이크로칩의 기본 기술은 유사하게 남아있다. 그래서 오늘날 컴퓨터의 대부분 여전히 4세대 컴퓨터에 속하는 것으로 간주된다.

2.2 인터넷의 역사

인터넷의 역사는 ARPANET에서 기원을 찾을 수 있는데, ARPANET는 미 국방부가 1969년에 네트워킹에 관한 연구조사를 위해 시작하였다. 많은 사람들이 이 네트워크를 형성하는 컴퓨터 간의 통신 표준에 자신들의 의견을 담기를 원해서, 시스템은 아이디어들을 제안하도록 고안되었다.

기본적으로 아이디어를 "의견 제시 요구"(Request for Comments, RFC)라고 쓰인 곳에 올려놓으면 다른 사람이 그 아이디어를 같이 공유하고 보다 좋은 아이디어를 추가할 수 있었다. 최초의 RFC (RFC0001)가 1969년 4월 7일에 작성되었다. 이렇게 해서 인터넷이 처음으로 시작되었다.

ARPANET은 1970년대에 민간사용자에게 개방되었고, 큰 대학들이 먼저 받아들였다. 물론 이 단계의 ARPANET은 우리가 오늘날 아는 인터넷과 전혀 다르다. 1972년 미국 바깥으로 국제적 연결을 시도하기는 했지만, 인터넷은 여전히 연결된 컴퓨터들 사이의 통신망이었다. 따라서 당시에는 우리가 지금 아는 것과 같은 월드와이드웹(World-Wide-Web)이나 이메일은 존재하지 않았다.

1980년 초중반에 이르러서야 우리가 오늘날 인터넷이라고 알려진 것이 등장한다. 이전 네트워크에서는 모든 컴퓨터가 IP 주소, 즉 숫자로만 표기되었지만, 1984년이 되자 비로소 '도메인 이름'이 도입되었다. 도메인 이름이란, 마이크로소프트사의 웹서버인 'www.microsoft.com'을 말한다. 이메일 등과 같은 서비스를 제공하는 프로토콜은 대부분 1984년 이후에 등장하였다.

오늘날 인터넷이라고 할 때 거의 월드와이드웹(World-Wide-Web)을 떠올린다. 이것은 HTTP(하이퍼텍스트 전송 프로토콜, hyper-text-transfer-protocol)라고 불리는 네트워크 프로토콜을 통해 인터넷으로 배포되는 정보의 하이퍼링크된 묶음을 말한다. 월드와이드웹은 1989년 팀 버너즈 리(Tim Berners-Lee)가 발명하였다. 그는 유럽 입자 물리학 연구소(CERN, the European Particle Physics Laboratory)에서 일하는 물리학자였는데, 물리학자들끼리 자신들의 연구에 관한 정보를 공유하는 방법을 찾기를 원했고, 월드와이드웹이 바로 그 해답이었다.

이렇게 웹이 시작되었지만, 이 시기까지 이미지 전송은 불가능했고 오로지 텍스트형식만 웹에 올릴 수 있었다. 그래픽은 'NCSA 모자이크'(NCSA Mosaic)이라는 브라우저와 함께 시작되었다. 마이크로소프트社의 인터넷 익스플로러(Internet Explorer)와 넷스케이프(Netscape) 모두 NCSA 모자이크를 기반으로 만들어졌다.

그래픽 인터페이스가 개발되자 컴퓨터에 익숙하지 않은 일반인들이 컴퓨터를 사용하게 되었고, 집의 전화선과 모뎀을 이용하여 인터넷 서비스에 접속하는 것이 가능해지면서 1993년 인터넷의 사용 인구가 폭발적으로 증가했다. 이전에는 데이터를 서로에서 전송하기 위한 케이블을 대여할 수 있는 대학 및 대기업 등과 같은 곳에서만 인터넷을 이용할 수 있었으나, 지금은 누구나 인터넷을 이용할 수 있고, 최근에는 '초고속 정보통신망' 덕분으로 그 속도도 크게 향상되었다.

2.3 윈도우 체계의 역사

컴퓨터에 윈도우 체계가 처음 도입된 것은 1981년 제록스 스타(Xerox Star) 시스템부터이다. 1984년 애플사가 애플 매킨토시(Apple Macintosh)에 사용하기위해 맥(Mac) 운영시스템을 개발하면서 채택하였고, 이듬해 1985년 마이크로소프트사는 윈도우 시스템의 최초 버전을 만들었다. 윈도우는 IBM 컴퓨터의 MS-DOS 시스템과 호환을 할 수 있도록 만들어진 GUI(그래픽 사용자 인터페이스)였다. 윈도우는 맥의 운영체계와 유사하게 만들어졌기 때문에 애플사는 마이크로소프트사를 상대로 소송을 제기했다. 이 소송은 수년간 진행되었다.

그러나 윈도우의 최초 버전은 파괴력이 없어 큰 인기를 끌지 못했었다. 1987년 윈도우 2가 출시되자 컴퓨터 사용자들의 시선을 끌었고, 최초의 대중화된 버전은 1990에 출시된 윈도우 3.0이다. 이것은 컴퓨터에서 사용 가능한 향상된 그래픽과 여러 프로그램을 동시작업하는 것이 가능하도록 만들어졌다. 이것은 한 번에 하나 이상의 프로그램을 운영할 때 효율성과 신뢰성을 높여 줬다. 이 버전은 예전 MS-DOS 기반 소프트웨어도 동시에 사용할 수 있게 되어 있었다. 따라서 IBM 컴퓨터는 '윈도우 3' 덕분에 애플의 맥보다 앞서 시장을 선점할 수 있었다. 이후 윈도우 3.0을 보완한 '윈도우 3.1' 등이 출시되었지만 크게 달라진 점은 없었다.

'윈도우 3'와 비슷한 시기에 마이크로소프트사와 실질적 제휴를 맺은) IBM의 운영프로그램(OS/2) 역시 이용 가능했다. OS/2는 '윈도우 95'가 출시되기 전에 완벽한 32비트 운영체계로서 시장에 선을 보였다. 그러나 불행히도 IBM의 OS/2는 인기가 별로 없었고 시장의 호응도 별로 없었다.

'윈도우 95'는 1995년 8월에 출시되었다. '윈도우 3.0'이나 MS-DOS와도 많은 코드를 공유하고 있었지만, '윈도우 95'는 2가지의 장점이 있었다. 첫째, 하나의 완전한 운영시스템이기 때문에 MS-DOS를 구입하여 설치할 필요가 없었다. 둘째, '완전한' 32비트 체계를 사용했다. 이러한 점에서 '윈도우 95'는 '윈도우 NT'와 유사했다. '윈도우 NT'(Windows New Technology)는 윈도우와 함께 (컴퓨터) 서버와 사업용으로 개발되었다. 그것은 '윈도우 95'보다 신뢰성과 보안성이 한층 강화되었지만, 균형적인 측면에서 그것은 이전 MS-DOS기반 소프트웨어와는 잘 호환되지 않았다.

1998년 6월 25일, '윈도우 98'이 출시되었다. 이것은 '윈도우 95'와 유사했지만 결정적 차이는 디스크에 데이터를 저장하는 방식에 있었다. 이 방식은 보다 효율적이었으며 2기가(GB)보다 더 큰 디스크를 지원했다. 마이크로소프트사의 목적은 '윈도우 2000'과 함께

'윈도우 95/98' 버전을 하나로 융합시키는 것이었다. 그러나 마이크로소프트사는 애플과 운영체계를 둘러싼 특허 소송은 여전히 진행 중이었고 그 판결이 날 때까지 기다려야 했다. 1997년 8월 6일, 18개월 동안 진행된 소송에서 마이크로소프트사가 승리했고 애플은 패배했다. 마이크로소프트사는 1억 5천 달러에 무상주(non-voting shares)를 사들임으로써 심각한 재정위기에서 빠져나올 수 있었다.

또한 1980년대 후반에 개발된 다른 윈도우 체계도 있다. 'X Windows'라고 불리는 것으로서 MIT에서 그래픽 워크스테이션에 사용하기 위하여 만들었다. 소스 코드를 공개했기 때문에 오늘날 리눅스(Linux)와 유닉스(Unix)에 기반을 둔 체계에 표준 그래픽 인터페이스가 되었다.

스티브 잡스와 태플릿 PC

한편, 미국에서 2007년에 애플이 아이폰이라는 새로운 개념의 휴대폰을 등장시킨다. 스마트폰이라는 개념을 확실하게 정립한 아이폰의 등장은 2000년대 후반기를 스마트폰 시대가 되게 한다. 그 전에 MS의 윈도 모바일이라는 PDA 폰들이 있었기는 했지만 보통은 아이폰 이후에 나온 스마트폰을 진정한 스마트폰이라고 여긴다. 구글이 안드로이드 플랫폼을 발표한 삼성의 갤럭시 시리즈와 LG의 옵티머스 시리즈, 팬텍의 베가 시리즈, 그 외에 모토롤라, 소니, HTC에서 계속 안드로이드 탑재 스마트폰을 내놓면서 점점 저무는 피쳐

폰 시장을 대체하는 스마트폰 시장을 이끌고 있다.

2010년에 미국의 애플은 또 한번의 새로운 태블릿 PC인 아이패드를 출시한다. 이것은 포스트 스마트폰 시대를 잇는 태블릿 PC 시장의 선두주자로 자리잡는다. 아이패드의 성공은 구글로 하여금 안드로이드 3.0 허니컴 플랫폼을 선보이게 만들었고 삼성은 그것을 바탕으로 갤럭시 탭 시리즈(물론 초창기 7인치 갤럭시 탭은 안드로이드 2.2 진져브래드 기반이었지만)를 만들면서 본격적으로 태블릿 PC 시장을 열었다.

10. 미국 문학과 작가들

개요

미국의 본격문학은 유럽문학과 달리 역사적 배경이 얕기 때문에 19세기 중반기부터 비롯된다. 미국의 건국은 종교적 이상주의와 합리주의를 바탕으로 하며 미국인은 쾌활하고 공정하고 진보적이며, 평등을 사랑하고 물질적이고 낙천적이면서 실리적이고 봉사심이 강하다. 미국인의 다양한 기질은 자연스럽게 미국문학의 바탕이 되고 있다.

청교주의는 1620년대부터 19세기초까지 미국문학에 커다란 영향력을 끼친 도덕적 신앙적 규범이다. 중심사상은 신과의 성약과 예정설로서 양심의 순결을 존중하고 금욕적이고 정직한 생활을 이상으로 한다. 이러한 사상은 포우(Poe), 호손(Hawthorne), 멜빌(Melville), 엘리어트(Eliot), 포오크너(Faulkner)의 작품을 통해 선악의 문제, 죄의식의 문제라는 주제로 반복되고 있다.

한편으로 미국인의 사상을 결정하는 정신적 요소는 개척정신(Frontier Mind)이다. 개척정신은 평등, 근면, 극기, 용기의 미덕을 존중하며 현세적, 실용적 실험정신을 바탕으로 한다. 서부로 이동하는 개척민들에게 희망을 부여하고 독립정신을 함양시킨 사상으로서 쿠퍼(Cooper), 마크 트웨인(Mark Twain), 드라이저(T. Dreiser)와 같은 작가들의 작품에서 살필 수가 있다.

문학은 자유로운 상상이며 개체와 개체 사이의 투쟁이나 갈등의 형식으로 존재한다. 미국 문화권의 작가들은 다채로운 삶의 양상을 표현하려고 노력하며 특정 집단의 사상이나 이념을 옹호하지 않음으로써 내면적 세계를 더욱 잘 드러내 보인다. 때문에 미국 작가들은 문화의 긍정적인 면과 부정적인 면을 동시에 지닌 미래의 예언자로 간주된다.

미국문학의 초기에는 영국문학의 영향에서 벗어날 수 없었음에도 불구하고 미국적 특성이 뚜렷이 발견되는데, 자연과 문명으로부터의 도피, 이동성, 환상적 심리라고 할 수 있다. 영국소설에는 사회와 타협하는 주인공이 등장한다면 미국소설의 주인공은 의식세계와 형이상학의 세계를 부단하게 왕래하는 자아탐색자이다. 주제 면에서 영국소설이 상식과 화해를 추구하는 반면에 미국소설에서는 모순과 대립이다.

오늘날 미국문학은 영어권 문학을 대표한다. 미국문학은 전통적인 소설, 신감각파 소설과 뉴저널리즘적 소설양식을 발전시키면서 범 세계문학으로 나아가고 있다. 왜냐하면 문학이란 개성과 더불어 보편성을 특성으로 하고 있기 때문이며 이것은 미국의 인종적, 문화적, 지형적 다양성에 힘입은 결과라고도 볼 수 있다.

따라서 초기 이주민 시대의 청교도 문학에서부터, 19세기 초기의 낭만주의, 남북 전쟁 이후에 나타난 리얼리즘, 20세기 초반의 모더니즘과 실험주의, 그리고 현대의 대중 문학에 이르기까지 각 시대상을 반영한 대표적 작가의 개안이 필요하다.

1 초기 식민지시대 문학 (-1776)

미국에 도착한 식민지 개척자 중 지식인 계층은 청교도(Puritans)들이었다. 1630년에서 1690년까지 미국의 북동부 지역에는 몇몇 대학이 세워졌고, 대학졸업생이 배출되었다. 그리고 자수성가한 식민지 개척자들은 뉴잉글랜드 지역을 건설하면서, 하나님의 의지를 이해하고 실행하기 위하여 교육기관을 세웠다.

청교도가 생각하는 좋은 문학이란 하나님을 경배하고 세속적인 인간들이 직면할 수 있는 사악성을 각성할 수 있게 해주는 문학이었다. 이러한 청교도 양식은 복잡한 시에서부터 친숙한 일기나 종교의 역사에 이르기까지 다양했지만, 장르나 문체의 다양성에도 주제는 거의 같았다. 삶은 일종의 시험이었고 실패는 신의 저주이거나 그가 신의 선택이나 은총을 받지 못했다는 표식이었으며, 성공은 천상의 축복이자 신의 은총의 산물이었다.

많은 학자는 청교주의와 자본주의의 교집합을 설명한다. 둘 다 야망과 근면, 성실한 노동과 성공을 목표로 삼는다. 비록 개인들이 그들이 구원받을 것이라는 것을 모른다 해도 그들은 세속적 성공이 신의 은총의 산물이자, 그가 신의 선택을 받았다는 것을 나타낸다고 믿었다. 부와 지위는 자기 자신만을 위한 것이 아니라 초월주의에서 영생의 약속이고, 건강한 정신을 확신시켜주는 것이기도 했다.

일상생활에서 일어나는 모든 일을 기록하는 데 있어서도 청교도 작가들은 성서나 시편을 인용했다. 역사는 신세계에서 청교도의 궁극적 성공을 이끌어내는 상징이었고, 지상에서 신의 왕국을 건설하는 방식이었다.

조너선 에드워즈(Jonathan Edwards, 1703~1758)는 청교도 중 가장 잘 알려진 작가이며 강력하고 영감이 넘치는 설교로 유명했다. 그의 설교는 엄청난 충격을 주었고 많은 영향을 미쳤으며, 뉴잉글랜드에서 종교적 관심과 열정을 부흥시키는 데 기여했다. 거의 모든 교회가 에드워드의 영향을 받았으며 부흥 운동은 프로테스탄트 교회에서 일상화되었다.

이 운동을 우리는 "대각성운동"(The Great Awakening)이라고 부른다. 많은 청교도인들은 에드워즈와는 달리 교회의 조직화에 더 많은 관심이 있었고, 감성보다는 교리를 중시했다. 에드워즈는 청중의 감성을 자극했고, 그들을 깊은 잠에서 깨어나게 했다. 바로 이러한 에드워즈의 각성 운동은 19세기와 20세기의 많은 문학에 엄청난 영향을 남겼고, 또한 그의 비극 의식은 포우(Poe), 호손(Hawthorne), 멜빌(Melville), 엘리엇(Eliot), 포크너(Faulkner) 등에 의해서 반복되어서 나타난다.

2 독립혁명기의 작가 (1776-1820)

영국에서 독립하기 위해 시작된 미국독립혁명(American Revolution)은 식민통치에 맞서는 최초의 탈식민운동이자 근대적 해방 전쟁이었다. 독립전쟁에서 미국이 승리함으로써 이제 미국은 영국이나 유럽의 종속에서 벗어나 미국 고유의 문학을 창조하고자 노력했지만,

미국인은 미국 문학이 영국에 얼마나 종속되어 있는지 잘 알고 있었다. 따라서 정치적으로 독립을 쟁취하고서, 문화적으로도 미국이 독립하고, 영국에 견주어서 손색이 없는 최초의 미국 작가 그룹이 태어나기까지 50년 이상이 걸렸다.

독립혁명기의 작가들은 독창적인 미국문학을 창조하지 못했고, 미국의 유산을 활용하지 못했다. 그들의 부모나 조부모 세대들은 거의 영국인이었고, 게다가 미국 땅에서 문학 양식의 발전도 영국과 비교하면 대단히 뒤처져 있었고, 현대적 출판사도 없었다. 책이 출판되어도 그 책을 읽을 독서 대중이 없었다. 문학을 즐기는 소수의 독자도 저급한 미국 문학보다는 유럽과 영국의 작품만을 선호했다. 일반 대중들은 실험적이고 장편 작품이 아닌 가벼운 운문체와 간결한 시사문제를 다루는 수필을 원했다.

Picture 40
벤자민 프랭클린

이러한 시대적 분위기 속에서 독립혁명기의 예외적 작가 벤저민 프랭클린(Benjamin Franklin, 1706~1790)이 등장했다. 그는 미국의 '최초의 문인'으로 불린다. 미국에서 빈손으로 성공한, 미국 최초의 자수성가한 위대한 인물이었다. 프랭클린의 유명한 『자서전』(*Autobiography*)은 그의 젊은 시절의 기록이다. 여기서 그가 제시한 13가지 덕목은 절제, 침묵, 질서, 결심, 절약, 근면, 진실, 정의, 중용, 청결, 평정, 순결 그리고 겸손이다.

프랭클린의 13덕목

1. Temperance: Eat not to dullness and drink not to elevation.
   절제: 과식 과음하지 말라.

2. Silence: Speak not but what may benefit others or yourself. Avoid trifling conversation.
   침묵: 다른 사람이나 너 자신에게 좋은 말만을 하고 쓸데없는 말은 하지 말라.
3. Order: Let all your things have their places. Let each part of your business have its time.
   질서: 모든 것을 질서 정연하게 제자리에 두어라. 일은 시간을 정해놓고 진행한다.
4. Resolution: Resolve to perform what you ought. Perform without fail what you resolve.
   결심: 해야할 일을 수행하기로 결심하고, 결심한 것을 반드시 행하라.
5. Frugality: Make no expense but to do good to others or yourself: i.e. Waste nothing.
   절약: 시간을 아껴서 다른 사람이나 너 자신에게 유익한 일을 하라. 시간을 헛되이 쓰지 말라.
6. Industry: Lose no time. Be always employed in something useful. Cut off all unnecessary actions.
   근면: 시간을 낭비하지 말고 언제나 유용한 일을 하라. 쓸데없는 행동을 하지 말라.
7. Sincerity: Use no hurtful deceit. Think innocently and justly; and, if you speak, speak accordingly.
   진실: 속이지 말라. 사심없이 정의롭게 생각하라. 이에 따라 말을 하라.
8. Justice: Wrong none, by doing injuries or omitting the benefits that are your duty.
   정의: 다른 사람에게 해를 입히지 말라.
9. Moderation: Avoid extremes. Forebear resenting injuries so much as you think they deserve.
   중용: 극단적인 것을 추구하지 말고, 손해보는 것에 분개하지 말라.
10. Cleanliness: Tolerate no uncleanness in body, clothes or habitation.
    청결: 몸, 의복, 집을 깨끗하게 하라.
11. Chastity: Rarely use venery but for health or offspring.
    순결: 건강이나 자손을 위해서만 성관계를 맺어라.
12. Tranquility: Be not disturbed at trifles, or at accidents common or unavoidable.
    평정: 사소한 일에 동요하지 말라.
13. Humility: Imitate Jesus and Socrates. 겸손: 예수와 소크라테스를 본받아라.

워싱턴 어빙(Washington Irving, 1783~1859)의 『스케치북』(*Sketch Book*)은 신생 미국의 토속적 가치와 역사를 담아냈고 새로운 역사의식을 고취했다. 제임스 페니모어 쿠퍼(James Fenimore Cooper, 1789~1851)는 미개지의 체험을 토대로 미국 고유의 신화를 창조했다. 쿠퍼의 대표작 『레더스타킹 이야기』(*Leather-Stocking Tales*) 연작에서 그는 문명에 의한 미개지의 파괴라는 비극적 비전을 반어적 문체로 담아냈다.

3 낭만주의시대 작가 (1820-1860)

독일에서 시작된 낭만주의 운동은 1820년에 미국에 이르렀다. 유럽의 낭만주의와 미국의 낭만주의는 중요한 차이가 있다. 미국 낭만주의는 영토 확장의 시기와 맞물리면서 독특한 미국적 목소리를 발견해낸다. 미국 정체성과 이상주의 그리고 낭만주의 열정이 합쳐져서 초월주의(Transcendentalism)를 낳았고 미국 문학은 르네상스기를 맞았다.

Ralph Waldo Emerson

랄프 왈도 에머슨(Ralph Waldo Emerson, 1803-1882)이 아마도 낭만주의 시대의 가장 영향력 있는 작가일 것이다. 자아의 발견이 그의 작품의 주요 주제이며, 그는 언제나 자기 각성을 촉구했다. 개인의 도덕적 의무는 사회 불평등을 개혁하는 것이다. 첫 작품 『자연』(*Nature*)에는 그의 사상의 핵심 개념으로서 '자기 신뢰'(self-reliance)가 등장한다.

헨리 데이비드 소로우(Henry David Thoreau, 1817~1862)는 미국의 어떠한 책에서도 시도되지 않았던 독창적인 책으로 자아의 발견이라는 정신적 지평을 열었다. 그의 『월든』(*Walden*)은 월든 호수 주위에 그가 직접 지은 오두막에서의 생활을 그린 작품이다. 이 책에서 이론으로서 존재했던 초월주의를 직접 실천에 옮겼을 뿐만 아니라, 개척지에서 19세기 미국인의 집단적인 경험을 재연하기도 한다.

미국 소설에서 낭만주의 비전은 호손(Nathaniel Hawthorne, 1804-1864)이 "로맨스"(Romance) 불렀던 양식 속에서 등장했다. 호손이 말하는 로맨스는 사랑 이야기가 아니라, 진지하고 상징적인 형식의 소설이었다. 주로 호손, 멜빌, 포가 형상화한 신화적 영웅들, 즉 실생활보다 훨씬 영웅적 면모를 지닌 인물들이 이에 해당한다. 미국 로맨스 소설의 정형적 주인공들은 무엇인가에 쫓기는 듯한 불안하고 소외된 개인이었다.

Hawthorne

나다니엘 호손은 뉴잉글랜드의 세일럼(Salem)에서 태어났다. 그의 대표작 『주홍글자』(*The Scarlet Letter*)는 미국 청교도의 이면을 그려내고 있다. 이 소설의 배경은 1650년경 미국 보스톤(Boston)이며, 열정적인 간통이 그 소재이다. 『주홍글자』는 17세기 청교도들의 죄와 구원에 대한 칼빈주의(Calvinism)적 집착을 강조한다. 이 소설의 등장인물인 아더 딤즈데일(Arthur Dimmesdale)과 헤스트 프린(Hester Prynne)은 미국 소설의 전형적인 고독한 주인공을 대표한다.

허먼 멜빌(Herman Melville, 1819-1891)은 19살에 바다로 갔다. 이러한 젊은 시절의 선원 생활의 경험이 그의 작품에 생생히 반영되어 있다. 그의 작품은 그가 얼마나 사회적 불의를 증오하고 분노했으며, 민주주의를 사랑했는지 확인시켜준다. 그의 대표작『모비딕』(*Moby Dick*)은 고래잡이 배 피쿼드(Pequid)호와 백색의 고래를 추적하는 신과 같은 선장 아합(Ahab)에 대한 서사적 이야기이다. 이 책은 인간의 조건에 대한 명상을 담고 있으며, 고래의 추적은 지식의 추구에 대한 장엄한 비유가 될 수 있다.

에드거 앨런 포(Edgar Allan Poe, 1809-1849)의 작품 세계는 어둡고 암울하다. 그는 단편소설이라는 장르를 새로이 개척했으며, 창의적 탐정 소설의 선구자다. 그러나 포는 비극적이고 불행한 삶을 살았다. 그는 2살 경에 입양되었으며, 양부와의 불화로 대학을 마치지 못했고, 그 후 포는 주변의 비난에도 13살의 어린 사촌과 결혼했다. 이 결혼은 어린 시절에 부모를 잃은 그가 안정적 가정생활을 갈구했기 때문일 수도 있다. 거의 전 작품을 통해서 포는 인간의 특이하고 기이한 정신과 심리를 탐구했다. 대표작『어셔 가의 붕괴』(*The Fall of the House of Usher*)는 삶 속의 죽음의 문제를 다루는 공포 소설이다.

포를 포함하여 많은 작가가 이러한 은밀한 내면을 다루는 이유는 미국 사회의 소속감의 결핍에서 유래한다. 미국문학의 주인공들은 그들이 안식처를 찾을 수 있는 전통적 공동체가 없다. 유럽과는 달리 미국에서 전통은 물려받는 것이 아니라 스스로 창조해야 한다. 그래서 미국 문학은 제임스 페니모어 쿠퍼(James Fenimore Cooper,

1789-1851)의 소설처럼, 혼자 황야를 탐험하는 주인공을 다루거나, 포의 고독한 개인처럼 무덤이나 죽음의 망령에 시달리거나, 호손의 딤즈데일(Dimmesdale)과 같이 숲을 거닐다 악마를 마주친다. 사실 모든 위대한 미국 주인공은 "외톨이"로서 그들은 스스로의 문화를 만들어내야 하는 미국의 민주적 개인인 동시에, 공동체가 아닌 개인주의의 수호자라고 할 수 있다.

4 리얼리즘과 자연주의 성장 (1860-1914)

남북 전쟁(1861-1865)이 미국 역사에 끼친 영향은 막대하다. 전쟁 이후에 젊은 민주주의 국가에 대한 순진한 낙관주의는 고갈되었다. 전쟁 전에는 이상주의자들이 인권과 특히 노예제의 폐지를 옹호하고 나섰지만, 전후 미국인들은 진보와 자수성가의 원칙을 이상화했다.

1860년에서 1914년에 이르기까지 미국은 식민지에서 독립을 쟁취한 농업 국가에서 현대화되고 산업화된 국가로 변신했다. 사업은 전쟁 후에 번성했고, 북부의 산업은 정치적 힘을 획득했다. 그리고 미국의 엄청난 자연자원은 미국의 경제 발전에 많은 도움을 주었다. 새로이 건설된 대륙횡단철도 시스템은 새로운 시장과 운송체계를 발전시켰다. 이렇게 됨으로써 1900년에 세계에서 가장 부유한 나라가 되었고, 인구도 7600만에 이르렀다. 1차대전 무렵이 되자, 미국은 세계에서 가장 중요한 열강 중의 하나가 되었다.

Mark Twain

마크 트웨인(Mark Twain)은 미시시피 강변의 개척 도시 인 하니발(Hannibal)에서 성장했다. 헤밍웨이(Ernest Hemingway, 1899-1961)가 평한 것처럼 트웨인은 미국의 일상어와 미국의 현실을 미국 특유의 유머와 위트를 이용하여 소설 작품 속에 훌륭하게 녹여낸 인물이었다. 트웨인에게 리얼리즘은 전통을 혁신하고 진리를 말하는 방법이었다. 가장 잘 알려진 예가 허클베리핀(Huckleberry Finn)이다. 헉 핀(Huck Finn)은 가난한 소년이지만 양심에 따라 도망 흑인 노예를 도와서 자유를 찾을 수 있도록 해준다. 트웨인은 미시시피강을 따라 여행하면서 그들이 겪은 위험한 상황과 모험들을 코믹하고 유머러스하게 그린다. 헉핀은 문명사회에 적응할 수 없는 인물이지만, 이 소설은 과거와의 단절(death), 재생(rebirth), 그리고 성장(initiation)을 다룬다.

헨리 제임스(Henry James)는 국제적 주제(international theme)로 유명하다. 그는 미국인과 유럽인의 관계를 소설 속에 담았다.

자연주의(Naturalism)는 당시에 팽배해있었던 결정론(determinism)을 문학 속에 그려낸 양식이다. 결정론은 세계 속에서 종교나 구원의 역할을 부인하고 우주를 하나의 기계, 즉 인간이 통제할 수 없는 맹목적 기계로 간주한다. 스테판 크레인(Stephen Crane)의 『매기: 거리의 여자』(*Maggie: A Girl of the Street*)는 미국 자연주의 소설의 대표작이다. 이 소설은 뉴욕의 슬럼가에서 자란 순진한 소녀 매기가 살아남고자 매춘부가 되고, 결국 절망에 차서 자살하는 이야기다. 시어도어 드라이저(Theodore Dreiser, 1871-1945)는 아메리칸 드림의 위험을 지적한다. 그의 『아메리카의 비극』(*An American Tragedy*)은 가난한 노동 계급의 주인공이 돈과 사회적 성공을 열망하지만, 결국은 범죄와 살인을 저지르고 사형을 당하게 되는 이야기로, 사회에 대한 불만과 동경과 절망을 소재로 하고 있다. 이 두 소설은 사회문제를 고발하고 사회 개선을 촉구하는 작품이라고 할 수 있다.

산업화가 진행되면서 사람들은 점점 더 소외된다. 이 시기의 미국 소설은 경제발전의 부작용과 환경을 극복할 수 없는 인물의 소외를 소재로 삼는다. 이 시기의 소설은 비극적인 죽음을 맞이하지 않고 살아남은 인물들도 사회적 고난을 강인하게 참아내고 견뎌야 하는 인물로 그려진다.

5 모더니즘과 실험운동 (1914-1945)

20세기 초 모더니즘의 커다란 물결은 예술을 통해서 현대적 삶 의식을 표현했다. 모더니즘은 과거의 문화적 전통으로부터의 급격한 단절인 동시에 미국 동부의 고전적인 전통과도 단절한다. 현대적인 삶은 과학과 테크놀로지, 빠른 교통수단의 발달, 또한 기계화 등 여러 면에서 전통적 삶과는 달랐고, 모더니즘은 이러한 사회적 변화에 대한 반응을 담아내고 있다.

많은 역사학자는 미국이 1차대전과 2차대전 사이에 신생국의 아이 이미지에서 어른으로 성장하는 계기를 맞는다고 설명한다. 그러나 성장에는 진통이 따랐다. 존 더스 패서스(John Dos Passos)는 미국의 2차대전 후의 환멸을 "사기꾼과 전쟁이 만들어낸 엄청난 건축물"(vast edifice of sham and the war)이라고 표현했다.

전쟁으로 얼룩진 두 전쟁이 끝나고서 미국인들은 다시 일상의 삶으로 복귀했지만, 이제 이전의 순수를 다시 회복할 수는 없었다. 이제 더 많은 사람은 더 현대적이고 도시화된 삶을 갈망했다. 전쟁이 끝난 후의 엄청난 경제호황과 더불어, 처음으로 부유층만이 아니라, 중산층의 소득이 증가했으며, 중산층의 소득 증가가 미국 경제 성장의 동력이 되었다. 당시 미국 사회에서 중산층의 상징은 궁극적으로 자동차였다. 그 외에도 중산층은 형광등, 라디오, 전화, 타자기, 재봉틀 등 구매했다. 싱클레어 루이스(Sinclair Lewis, 1885 - 1951)가 그의 소설 『배빗』(*Babbit*, 1922)에서 말한 바처럼, 중산계급은 물질적이고 교양없는 속물이었지만, 평균적 미국인은 미국에서 생산된, 기술 문명의 산물을 열망했고, 그러한 상품들로 자신의 지위를 증명하고자 했다.

1920년대는 "광란의 20년대"("Roaring Twenties")라고 불린다. 당시 젊은이들은 근대 기술이 가져다준 새로운 형태의 유흥에 빠져들었다. 대부분 사람들은 일주일에 한 번 영화를 보았고, 나이트클럽, 재즈, 칵테일과 대담한 스타일의 드레스와 춤을 즐겼다. 또한 여성들은 가부장사회의 기존 틀에서 벗어나서 여성 해방을 맛보았다. 그들은 머리를 짧게 자르고, 짧고 펄럭이는 "플래퍼"(flapper) 드레스를 입었다.

종종 재즈 시대라고 불리기도 하는 20년대의 대표적 작가는 피츠제럴드(F. Scott Fitzgerald, 1896 - 1940)이다. 그는 실제로도 동화와 같은 삶을 살았다. 젤다(Zelda Sayer)라는 여성과 사랑에 빠졌으나, 아무것도 가진 것이 없었던 그는 파혼을 당했고, 젤다와 결혼하기 위해 문학적 성공을 꿈꾸었다. 그의 첫 소설은 엄청나게 성공했고, 그에게 돈과 명성을 가져다주었다. 꿈이 현실이 된 것이다.

Fitzgerald

젤다와 결혼에 성공하지만, 둘 다 성공해야 한다는 스트레스에 시달렸다. 그러나 그는 그 스트레스를 견딜 수는 없었다. 그의 대표작 『위대한 개츠비』(*The Great Gatsby*)는 잃어버린 사랑을 되찾고자 성공을 갈망하고, 결국 자수성가한 한 남자의 아메리칸 드림에 대한 이야기이다. 그러나 젊은 시절의 성공은 행복한 말년을 약속하지 못했고, 피츠제럴드는 알콜 중독이 되었고, 40대 초반의 나이로 요절했다.

겉으로 드러나는 유쾌함과 모던한 삶, 물질적 번영에도 불구하고, 1930년대의 젊은이들은 "잃어버린 세대"(lost generation)에 속한다. 전통적인 삶의 안정적 양식이 사라짐으로써, 그들은 정체성을 상실했다. 일차대전 이후 가정생활의 안락함, 안정된 공동체, 자연의 조화로운 리듬, 애국심, 도덕적 가치와 같은 전통적인 모든 것은 기반이 약화되었다.

이 시기를 대표하는 작가는 헤밍웨이(Ernest Hemingway, 1899 - 1961)로서 그의 대표작 『해는 또 다시 떠오른다』(*The Sun Also Rises*)와 『무기여 잘 있거라』(*A Farewell to Arms*)는 전쟁, 죽음에

Hemingway

서 살아남은 냉소적인 자들의 "잃어버린 세대"를 묘사했다. 1954년에 노벨문학상을 받았지만, 1961년 문학적 창조력을 잃어 가는 것을 비관해서 총으로 자살했다.

또한 프로이트(Sigmund Freud, 1856 - 1939)의 심리학과 같은 당시의 지적 풍토 역시 전통 가치의 붕괴에 기여했다. 일차대전 이후의 20세기 초반을 대표하는 거의 모든 중요한 작가들과 마찬가지로, 윌리엄 포크너(William Faulkner, 1897 - 1962)도 프로이트의 기본적 원리들을 그의 작품에 적용했다. 포크너는 요크나파토파(Yoknapatawpha)라는 상상의 마을을 창조하여, 남부의 전통과 가족, 공동체, 남부의 비극적 역사와 과거를 다루었다. 대표작은 『음향과 분노』(*The Sound and the Fury*)다.

또한 1930년대의 세계대공황은 거의 모든 미국인에게 영향을 미쳤다. 노동자들은 일자리를 잃었고, 농부들도 빚을 갚지 못했고 농장을 넘겨야 했다. 생산량이 증가했음에도 농부들은 가난했다. 곡물의 가격은 이익단체에 의해 좌지우지되었다. 이러한 당시의 미국 상황은 존 스타인벡(John Steinbeck, 1902 - 1968)의 『분노의 포도』(*The Grapes of Wrath*, 1939)에서 많은 농부가 중서부를 떠나 캘리포니아로 가서 일자리를 찾는 모습으로 생생하게 묘사되고 있다.

6 리얼리즘과 반전통 (1945 -)

2차대전 이후에 발생한 사건들은 우리의 역사가 발전한다는 관념을 전복시켰다. 이제 역사는 일련의 우발적 사건의 연속에 불과했다. 모든 행동, 감정, 순간은 그 자체로 독특한 것으로 간주하였다. 일관성있는 문체와 형식으로 파편적 현실을 담아낼 수 없었기 때문에, 기존의 문학 형식과 스타일을 깨뜨리고, 변화를 담아낼 수 있는 각각의 잠정적 형식과 문체를 고안했다. 독창성 그 자체가 새로운 전통이 된 것이다.

대도시에서 1960년대의 소비주의의 성장, 여러 형태의 시위와 민권운동, 베트남 전쟁, 냉전, 그리고 환경 위기 등 수없이 많은 부문에 걸친 이 시기의 미국 문화의 변화는 가히 충격적이다. 대중 매체와 대중문화의 성장이 바로 이러한 변화를 이끌어냈다. 라디오에서 시작하여 영화를 거쳐, 이제 강력한 텔레비전의 존재가 미국인의 생활을 뿌리까지 바꾸었다. 활자 문화나 독서행위와 같은 시각문화에 근거한 기존의 개인적이고, 문학적이며, 엘리트 문화는 라디오나 CD와 카세트의 청취문화로, 그리고 영화나 텔레비전의 시청각 문화로 대체되면서, 미디어 문화로 거듭나게 된다.

이제 작가들은 주체의 주관적 삶, 그리고 작가 개인에게 미친 테크놀로지와 대중 사회의 영향을 표현하는 새로운 방법을 점차 자각하게 되었다. 20세기 전반기의 소설처럼 20세기 후반기의 소설들도 각 10년간의 특징을 반영했다. 1940년대 후반의 작품들은 2차대전의 후유증과 더불어 시작된 냉전 시대의 분위기를 담고 있다.

2차 대전이 주요 소재가 된 작품은 노먼 메일러(Norman Mailer, 1923~2007)의 『벌거벗은 자와 죽은 자』(*The Naked and the Dead*, 1948)과 제임스 존스(James Jones, 1921~1977)의 『지상에서 영원으로』(*From Here to Eternity*, 1951)가 있다. 두 작가 모두 전쟁의 영광보다는 전쟁의 고통을 담아낸다. 어윈 쇼(Irwin Shaw, 1913~1984)의 『젊은 사자들』(*The Young Lions,* 1948)도 마찬가지다. 이 작품은 전쟁 전의 삶과 전쟁 중의 삶을 비교하고, 두 경우 모두에서 인간의 약점과 문제점을 드러낸다. 이 세 작품모두 전쟁은 제정신이 아닌 정신이상이나 광증으로 수놓아져 있다.

제임스 볼드윈(James Baldwin, 1924-1987)과 랄프 엘리슨(Ralph Ellison, 1914-1994)은 1950년대 아프리카계 미국인의 경험을 반영한다. 그들의 등장인물은 지나친 야망보다는 정체성의 부족으로 고통받는다. 볼드윈의 자서전적인 첫 소설이자 대표작인 『산에 올라 고하라』(*Go Tell It on the Mountain*)는 자기 자신에 대한 통찰과 종교적 믿음을 찾아가는 젊은이의 이야기다. 엘리슨의 『보이지 않는 인간』(*Invisible Man*)은 백인에게 멸시받는 흑인의 이야기이다. 두 소설은 인종차별적인 미국 사회가 시민에게 이상을 제공하지 못한다는 인종문제를 구현하는 소설이다.

솔 벨로(Saul Bellow, 1915-2005)와 버나드 맬러머드(Bernard Malamud, 1914~1986)는 유대계 미국작가이다. 벨로의 『희생자』(*Victim*)는 유대인과 비유대인의 관계에 대해 말하고, 맬러머드의 『수선공』(*Victim*)와 『소작인』(*The Tenants*)은 유대인의 현재와 과거를 전한다.

제롬 데이비드 샐린저(Jerome David Salinger, 1919-2010)는 사

춘기의 반항과 소외, 순수의 상실을 주요 주제로 삼는다. 대표작 『호밀밭의 파수꾼』(*The Catcher in the Rye*)은 감성적인 소년이 어른들의 바깥 세계로 가고자 엘리트 기숙학교에서 도망치지만, 결국 물질주의에 환멸을 느끼게 된다는 이야기다.

1940년대에는 시인이자, 소설가인 동시에 수필가인 로버트 펜 워런(Robert Penn Warren, 1905~1989), 극작가 아서 밀러(Arthur Miller, 1915~2005)와 테네시 윌리엄스(Tennessee Williams, 1911~ 1983), 단편 소설 작가 캐서린 앤 포터(Katherine Anne Porter, 1890~1980]) 등의 새로운 작가들이 주목을 받았다. 모두 가족 또는 공동체 안에서 개인의 운명을 탐구했고, 개인의 성장과 집단에 대한 그의 책임 사이의 균형에 초점을 맞췄다.

Saul Bellow

과거에는 엘리트 문화가 위상이 높고, 대중문화의 본보기로서 영향을 미쳤지만, 오늘날 미국에서는 반대 현상이 보인다. 토마스 핀천(Thomas Pynchon), 조이스 캐롤 오츠(Joyce Carol Oates), 커트 보니것(Kurt Vonnegut) 같은 중요한 소설가들이 만화, 영화, 패션, 음악, 구술 역사에서 모티브를 얻었고 그에 대해 언급하기도 했다.

토마스 핀천은 『중력의 무지개』(*Gravity's Rainbow*)에서 다른 종류의 현실을 패러디하고 대체하는 멋진 사례를 제시했다. 『제5도살장』(*Slaughterhouse-Five*)이 출판하고 나서 커트 보니것은 1970년대 초엽의 반문화(counterculture)에 찬란한 빛을 던져주었다. 이 책은 2차 대전 중 그가 전쟁포로로서 직접 겪었던 경험을 증언한 드레스덴(Dresden) 폭격 사건에 대한 반전 소설이다.

1950년대의 소외감과 압박감은 1960년대 시민권 운동(Civil Right Movement)과 여성운동, 반전 시위, 소수자 운동(minority activism), 그리고 반문화(counterculture) 운동으로 등장했다. 이들은 여전히 미국 사회 전반에 걸쳐 영향을 끼치고 있다. 1970년대 중반까지는 통합의 시대가 시작되었다. 베트남 전쟁은 끝이 났고, 바로 이어서 사회적 이슈보다는 '개인적 행복과 만족의 추구에 골몰한 1970년대'인 '내가 중심인 시대'(Me Decade)가 왔다.

11. 미국 예술과 문화

개요

미국 문화 예술의 특성은 순수예술과 실용예술, 고급예술과 저급예술간의 공존이다. 이와 같은 미국예술의 이원적 구조는 유럽 문화권의 특성인 귀족주의와 소수문화에 대한 일종의 반동현상이라고 볼 수 있다. 미국인들은 자신들의 문화에 나타나 있는 비예술성을 수긍하고 있다. 결국 비순수성은 미국 고유의 예술양식을 발전시켜 나가는 방편이 되었으며 유럽의 우월성에 대항하려는 일종의 문화적인 특성으로 여겨진다. 에머슨(Ralph Waldo Emerson)이 "우리는 우리의 발로 걸을 것이며, 우리 손으로 일할 것이며, 우리 자신의 마음을 이야기할 것이다."라고 말한 바 있는 문화적 독립선언은 예술까지 확대된 자기신뢰를 보여준다. 로버트 오스본(Robert Osborne)이 "허왕된 난센스의 문화가 우리를 침몰시키고 있다"고 하여 문화적 혼수상태를 경고하는 관점도 있다. 그러나 유럽예술의 전통을 물려받으면서 청교도적 사상을 바탕으로 한 순수예술 역시 존재해 왔을 뿐만 아니라 오늘날 뉴욕 워싱턴 등은 현대예술의 메카로 떠오르고 있다.

현대 미국 사회의 다양성은 각계각층에서 향유하는 다양하고 이질적인 예술의 모습에서도 발견된다. 미국의 예술은 모든 예술가와 예술애호가들이 공유하지는 않지만, 미국이라는 나라의 특이한 정체성을 보여준다. 예를 들면 유태인 극장, 아메리카 원주민의 공예품, 아시아와 원주민의 영화, 연극 등이다. 이들 예술과 관련된 작가, 화가, 제작자들은 개개 민족의 특징이라는 순수한 미국의 정체성을 대변한다.

일반적으로 미국인은 경쟁의식, 야망, 성공에 대한 갈망이라는 대중적 욕구에도 불구하고 아마추어 수준을 능가하는 예술적 활동에 참여한다. 예를 들면 자기 개발과 자신의 정체성 찾기를 위해 연주회나 극장에서 펼쳐지는 각종 공연물을 관람하고 다른 예술 활동에도 적극 참여한다. 특히 자국이나 향토의 문화보존을 위한 자선 모금, 기부, 봉사활동에 대한 참여의식은 잘 알려져 있다.

예술 활동은 미국 생활에서 점점 중요한 비중을 차지한다. 그들의 관심은 입장료, 운동기구, 악기, 오락시설 등에 투자되는 금액에서 알 수 있다. 신문이나 TV를 통한 예술활동의 홍보비는 언론과 홍보기관에 투자되는 광고액 중에서 자동차, 소매업, 기업과 소비자 서비스, 음식에 이어 다섯 번째를 차지한다.

미국인들이 예술을 즐기는 이유는 유행을 따른다는 측면도 있지만 예술은 자아 개발에 기여할 뿐 아니라 문화 그 자체가 긍정적이라고 생각하기 때문이기도 하다.

1 예술

유럽인들은 미국이 종종 고급 예술('highbrow' arts)을 경시하고 저급한 예술을 우선시하는 나라로 간주하고, 전통문화가 존재하지 않는, 속물적인 나라로서 미국을 묘사하는 경향이 있다. 그러나 실제로 여론조사나 공식적 통계, 논평가들에 따르면, 오늘날, 무용이나 클래식 공연, 교향악 콘서트, 연주회, 오페라, 그리고 박물관 관람을 하는 미국인들의 수는 점점 증가하고 있다. 이는 미국인들이 과거보다 고급 문화 예술에 훨씬 더 많은 관심이 있다는 것을 시사한다. 1960년대 후반부터 미국 내의 예술적 열기가 가속도가 붙었고, 그림, 음악, 현대 무용, 연극, 발레와 영화 등에 참여하는 개인과 단체가 크게 늘어났다.

예술 관련 단체나 조직도 수적인 면에서 많이 증가했다. 1993년의 통계에 의하면 전국적으로 연차 예산이 50만 달러 이상인 오페라 회사가 약 102개에 이르며, 발레와 무용 단체는 120개가 넘는다. 1992년의 통계에 의하면, 연차 예산이 100만 달러를 초과하는 심포니 오케스트라는 99개이다. 그리고 이들 중 다수는 세계적인 명성을 지니고 있고, 국제적으로 인정받는 지휘자와 감독, 솔로이스트를 갖추고 있다. 전 세계적으로 찾아보기 어려운 훌륭한 시설을 가진 수많은 문화, 전시, 공연 건축물 역시 증가하고 있다. 그러나 이러한 대부분의 문화 활동들은 전통적인 '고급문화 예술'에 속하는 것이다.

하지만, 대중문화를 좋아하는 사람들이 수적으로 더 많다. 영화

관을 찾는 인구는 1990년 기준으로 15억이며, 연극 공연을 보는 인구도 상당히 증가했다. 텔레비전은 주로 중년층 이상의 인구가 즐기는 문화였으나 최근에는 젊은 층에서도 대중문화에 대한 선호도가 점점 더 높아지고 있다. 미디어나 텔레비전은 프로모션이나 광고, 후원과 문화 이벤트의 보급을 통해 예술에 대한 관심을 높이고 예술 활동을 확산하는 데 도움이 된다. 미국 전역에서 예술 활동에 참여하는 사람들은 모든 연령에 걸쳐서, 사회적 경제적 계층에 상관없이 점점 더 증가하고 있다.

다른 분야에 비해 연방정부가 예술에 대한 직접적 재정지원이 가장 적지만, 예술 문화 분야는 의미 있는 성장을 지속했다. 그러나 최근에 연방 정부와 주 정부가 예술에 대한 지원을 늘리고, 1965년 국립예술기금(National Endowment for the Arts, NEA)을 설립함으로써, 앞으로의 문화 예술의 전망은 더 밝다. 또한 예술 활동은 오래전부터 포드(Ford)나 록펠러(Rockefeller) 같은 민간 재단이나 개인 혹은 기업의 재정적 후원을 받았다. 예술 단체에 후원하게 되면 세금 공제나 감세 혜택이 있기 때문이다.

유럽의 고전적 전통에 영향을 받은 예술 형식과 더불어, 미국 예술가들(화가, 조각가, 음악가, 무용가와 영화감독)은 미국 고유의 표현 형식과 전통을 발전시켰다. 미국 예술이 괄목할만한 성장을 이룩한 결정적 요인은 이전의 예술 양식에 반발하고, 이를 실험하고, 혁신하여 다양성과 변화를 추구했다는 점에 있다. 그리고 이민자 사회의 특성 상 여러 민족의 다양한 문화를 수용하면서 미국은 예술 양식의 다양화와 혁신을 이룩했다.

따라서 미국의 예술은 국제적인 명성을 지니게 되었다. 오늘날 뉴욕 같은 도시는 세계 예술의 중심이다. 미국은 많은 예술 분야에서 새로운 경향과 혁신을 이룩함으로써, 미국 문화생활에 실질적인 변화를 가져올 수 있었다.

2 회화

20세기 초반 미국의 화가들과 예술가들은 주로 전통 유럽 스타일에 영향을 받았다. 그들은 유럽의 사실주의와 자연주의 전통을 물려받았지만, 이 양식을 미국 고유의 환경과 장소, 그리고 미국적인 주제에 맞게 각색했다. 따라서 미국 미술은 20세기 초반까지는 소재와 기법을 발전시킨 것이었다.

하지만 2차 세계 대전 이후, 새로운 미국 화가들이 혁명적이고 독특한 미국의 컨셉들을 가지고 불쑥 등장했다. 잭슨 폴락(Jackson Pollock), 윌리엄 드 쿠닝(William de Kooning), 마크 로스코(Mark Rothko) 같은 뉴욕 예술가에 의해 1940년대에 처음 시작된 추상표현주의(Abstract expressionism)는 전통적인 회화 스타일과 소재를 거부하고 색채, 공간, 질감에 맞춰 그들의 작품을 생산했다. 추상표현주의자들이 국제적인 주목을 받게 되자 뉴욕은 세계 회화의 중심이 되었다.

그러나 후속 세대들은 추상표현주의를 거부했고 새로운 스타일의 실험에 몰두했다. 로버트 라우션버그(Robert Rauschenberg)와 재스퍼 존스(Jasper Johns)와 같은 1950년대와 60년대의 화가들은 꼴라주 형식(collage-type)의 그림에 집중했고 원하는 효과를 만들어내기 위해 일상생활에서 쉽게 만날 수 있는 대상들을 이용했다. 앤디 워홀(Andy Warhol)과 로이 릭턴스타인(Roy Lichtenstein) 같은 혁신적 화가들은 '팝 아트'(pop art)를 도입했다. 이것은 소비 사회와 대중문화 속에서 쉽게 만날 수 있는 일상용품들을 이용해서 예술 작품을 생산했다. 이들 화가의 작품은 오늘날 미국 사회의 독특한 특징을 반영하는 동시에 이에 대한 논평도 포함하고 있다.

Jackson Pollock의 Blue (Moby Dick)

미국 화가들과 조각가들은 다양한 양식과 소재를 활용하여 실험했고, '옵 아트'(op art), 그래피티 아트(Graffiti Art)와 퍼포먼스 아트(performance art)와 같은 이국적인 예술운동을 이끌었다. 이 예술의 특징은 현저한 특색은 새로운 기술과 변화, 대응, 다양성 등으로 요약될 수 있다.

3 음악

음악 사업은 레코드 회사의 수익을 창출하는 큰 자원이다. 소비문화는 토착적 형식을 상업화했고, 미국에서 생산된 음악은 세계적으로 판매되고, 주목을 받았다.

래타임(*Ragtime*)은 스콧 조플린(Scott Joplin)에 의해 대중화된 아프리카계 미국인의 음악으로, 가난한 흑인들의 삶을 반영한, 부분적으로는 아프리카계 미국인의 민요(folk song)와 종교음악의 우울하고 운명론적인 블루스 전통에서 유래했다.

블루스(Blues)는 19세기 말 재즈(*jazz*)의 영향을 받기도 했다. 몇몇 비평가들은 재즈가 미국의 가장 독창적이고 토착적인 음악 형식이라고 주장했다. 재즈는 남부 흑인들에 의해 연주되었으며, 아프리카 문화와 남부 노예 문화에서 유래했다. 뉴올리언스(New Orleans)는 전통적으로 재즈의 도시이다. 오늘날 재즈는 미국에서도 유명하지만, 세계적으로도 대단히 인기가 많다. 재즈 콘서트의 청중은 대단히 많다. 몇몇 비평가들에 따르면 최고의 재즈는 남부보다는 뉴욕, 시카고, 로스앤젤레스에서 만들어졌다고 한다. 재즈는 다른 지방으로도 퍼져 나갔고 루이스 암스트롱(Louis Armstrong)과 듀크 엘링턴(Duke Ellington)과 같은 예술가와 밴드 리더들에 의해 대중화되었다. 또 재즈는 많은 다른 스타일들을 발전시키고 팝(pop), 로큰롤(rock-and-roll), 미국 뮤지컬 같은 이후의 음악에도 지대한 영향을 미쳤다.

country music

미국의 컨트리 음악(*country-and-western)*이 대중화된 시기는 미국 음악이 세계화된 시기와 거의 일치한다. 컨트리 음악 또한 미국 남부에서 발생하였는데, 스코틀랜드와 영국의 식민지 정착민들의 포크송 전통에 기반을 두었다. 이 음악은 기타나 밴조(banjo), 바이올린으로 연주되었다. 이 컨트리 음악의 보통 우울하고 감성적인 가사는 사랑과 가난을 담았고, 남동부와 애팔래치아(Appalachia) 산악지대의 가난한 백인들의 혜택 받지 못한 시골생활을 그렸다. 내슈빌(Nashville)과 테네시(Tennessee)가 컨트리 음악의 고향으로 간주되기는 하지만, 컨트리 음악은 이 지역을 벗어나 전 세계로 퍼져나갔다.

뮤지컬(*musical*)도 미국에서 발생했고, 20세기 초에 성장했다. 연기와 음악, 춤이 결합된 뮤지컬은 반짝거리는 극장에서 상영한 현실도피적 이야기를 이국적인 쇼와 결합해서 보여준 옛 양식과 연결되기도 한다. 그러나 뮤지컬은 고급 예술로 간주되고, 사회적으로 많은 주목을 받았지만, 초기 엔터테인먼트의 전통 역시 계속되었다. 외국의 성공적인 뮤지컬이 미국에서 공연되고, 영국 뮤지컬과 경쟁하기 시작하면서, 미국 뮤지컬은 최근에 쇠퇴기에 접어들었다.

로큰롤(*Rock-and-roll*)은 1950년대에 또 다른 독창적인 미국 음악 형식으로 발전했다. 엘비스 프레슬리(Elvis Presley) 같은 로큰롤 초기 공연자들은 아프리카계 미국인의 블루스와 백인 컨트리 음악의 전통을 결합시켰다. 로큰롤은 미국과 전 세계의 젊은이들에게 아주 대중적인 음악 형식임을 증명했고 록 아이돌(rock idols)의 성공과 관련이 있다. 로큰롤의 사운드, 리듬, 스타일은 대중음악계를 지배했다. 모방에서 시작했건, 저항에서 시작했건, 로큰롤은 음악의 다른 양식에 영향을 미쳤고, 최근 몇 십년간 아주 상업화되었다. 로큰롤은 주로 큰 스타디움이나 야외 공연장에서 하는 라이브 콘서트 퍼포먼스에 초점을 맞췄다. 그러나 대규모 퍼포먼스는 상당히 줄어들면서, 최근의 록은 전체적으로 스튜디오 제작과 화제의 비디오, 레코드와 CD 제작에 초점을 맞추게 되었다.

4 무용

미국에서 무용은 가장 번창한 예술 중의 하나로, 에너지와 색채, 그리고 논쟁으로 가득 차 있다. 단지 지면이 한정되어 있기 때문에 예술 비평가들은 발레와 현대무용에서의 가장 중요한 최근의 발전들만을 언급한다. 그러나 이는 무용의 인기가 없거나 무용이 중요하지 않다는 것을 의미하진 않는다. 시퀀스 댄스(Dance sequences)는 세계적으로 유명한 브로드웨이(Broadway)나 할리우드(Hollywood)의 뮤지컬이 가진 품위, 열기를 높이는 데 엄청나게 기여했다. 프레드 아스테어(Fred Astaire)의 영화는 특히 조지 밸런친(George Balanjchine)과 미하일 바리슈니코프(Mikhail Baryshnikov)에게 영향을 받았으며, 애그니스 데밀(Agnes de Mille), 제롬 로빈스(Jerome Robbins), 트윌라 타프(Twyla Tharp)와 밸런친(Balanchine)과 같은 최고의 안무가들은 더욱 상업적인 장소에서 공연했다.

무용의 또 다른 한계는 유감스럽게도 우리가 각 움직임을 완전히 기록할 수 없다는 데 있다. 과거에 무용을 기록하기 어려웠기 때문에 두 명의 비평가는 현재의 무용을 설명할 때에만 과거 양식을 언급한다. 사라지기 쉬운 무용의 특성과 무용가가 되는 데 필요한 긴

트레이닝 과정 때문에, 무용에서 전통의 보존은 특히 필요하고, 강력하게 요청된다. 한 세대의 안무가는 이 전 세대의 기술을 하나 하나 배움으로써 그 안무를 익혔다. 예를 들면 현대 무용에서 마사 그레이엄(Martha Graham)은 루스 생 드니스(Ruth St. Denis)와 테드 숀(Ted Shawn)과 같은 중요한 동료와 함께 무용가의 길을 걷기 시작했다. 머스 커닝엄(Merce Cunningham)과 폴 테일러(Paul Taylor)는 한때 그레이엄 댄스 컴퍼니(Graham dancers)와 함께 했고, 트윌라 타프(Twyla Tharp)는 테일러 컴퍼니(Taylor's company)와 함께 했다.

현대무용 안무가들은 빈번하게 그들의 선배 안무가의 방식에 저항한다. 그들은 자신의 새로운 체계와 스타일을 창조했다. 발레에서 전통에 대응하여 새로운 형식을 취했다. 물론 발레 분야에서는 전통적 양식을 이용하는 동시에 수용되는 어휘로서 움직임이 이루어지는 것은 사실이다. 창조적 도전은 구세계의 예술형식을 오늘날의 세계에 맞게 하는 것이었다.

발레와 현대무용은 각각 다른 장르로서 독자적으로 발전하여왔으나 오늘날 두 형식이 혼합되면서 그 사이에 교량이 놓여졌다. 이 과정은 발레 회사가 현대무용 안무가를 고용하거나 발레 스텝의 구문을 도입함으로써 무용이 "크로스오버"(crossover) 작업을 창조함으로써 가능해졌다.

이러한 스타일의 훌륭한 첫 주창자는 이사도라 덩컨(Isadora Duncan)이다. 무용의 기반을 그리스 고전 예술에 둠으로써, 그녀는 미국에서보다 유럽에서 더 큰 성공을 거두었다. 그러나 뉴욕의 마사 그레이엄(Martha Graham)과 그녀의 추종자들은 현대무용을 미

Martha Graham

국 음악과 각 인종적 생활양식과 접목시키기 시작했다. 그들은 고전 발레의 형식적인 제약을 거부했고 즉흥적인 안무를 선보였다. 미국의 현대 무용은 성공적으로 발전하여갔고 비디오, 스크린과 영화 같은 많은 다른 요소들을 포함하고 실험했다.

그러나 1980년대의 크로스오버 운동은 여러 가지 이유에서 큰 영향력을 행사했다. 미국의 독창적이고 역동적인 안무를 발전시키고, 예술가들이 자신의 영역을 확장하고자 하는 열망이 그 주된 이유일 것이다.

우리가 20년간 선례가 없을 정도로 엄청난 발전을 이룩한 미국 무용의 역사를 고려하여, 앞으로의 미래를 예측해본다면, 우리는 앞선 세대의 많은 위대한 인물들을 대신해서 여러 재능 있는 젊은 안무가들과 무용수들이 경쟁하면서 그 자리를 차지하는 것을 보게 될 것이다. 미국에서 무용은 전혀 예상 밖의 상황에서 번창한 예술 중 하나였다. 오늘날 미국의 무용가들은 선배 예술가들을 깜짝 놀라게 할만큼 대단한 인기와 대중성을 획득했다. 새로운 것을 창조하는 무용의 놀라운 능력은 앞으로도 계속해서 전 세계의 관객을 사로잡을 것이다. 따라서 미국 무용의 장래는 대단히 밝다.

5 영화

영화산업과 할리우드는 미국의 예술 형식에 가장 큰 영향력을 끼쳐왔다. 이것은 동부에서 시작되었으나, 나중에 로스앤젤레스와 할리우드로 옮겨가서 미국의 영화 제작의 중심지가 되었다. 20세기 초, 초기의 무성영화에서 유성영화의 시대를 거쳐서 영화는 가장 인기 있는 예술 형식이다. 1940년대에 미국 할리우드는 매년 400개 정도의 영화를 개봉했다.

오늘날, 많은 영화는 할리우드에서 만들어지지 않고, 독립 영화들도 있다. 할리우드는 하나의 제도이며 국제 문화의 일부다. 할리우드는 항상 엔터테인먼트 사업을 해왔다. 이러한 영화는 원래 미국의 청중들을 위해 제작되고, 가족, 로맨스, 개인주의, 영웅주의, 여성의 역할, 어린이와 애국심과 같은 주제를 다룸으로써 미국 문화를 반영해왔다. 영화는 여러 시대에 걸쳐서 다양한 영화 장르를 탐험해왔고, 미국의 변화하는 사회적, 산업적 상황을 반영한다. 영화 제작사들은 서부영화, 갱스터 영화, 코미디와 뮤지컬과 같은 여러 성공적인 장르 형식을 통해서 대중들에게 인기를 끌었고, 많은 재정적 이익을 추구했다.

Holliwood

할리우드가 황금기를 맞은 몇십 년간 영화, 영화배우, 영화관은 대단히 화려해지고 웅장해졌다. 물론 영화 산업이 스타를 소비자인 영화팬들에게 상품으로 팔아먹는 패키지일 뿐이라고 비판하는 사람들도 있다. 그러나 영화 산업은 여러 가지 요인, 즉 윤리적 사회적 경제적 산업적 환경에 적응하면서 최근에 많은 변화를 맞았다. 우선 영화의 촬영과 녹음을 담당하는 스튜디오 구조가 바뀌었다. 1930년대의 영화사들을 기업이 인수하여 8개의 대표적 영화사, 파라마운트(Paramount), MGM, 워너 브라더스(Warner Brothers), PKO, 21세기 폭스사(Twentieth Century-Fox), 유니버셜(Universal), 콜럼비아(Columbia)와 유나이티드 아티스츠(United Artists) 영화사가 설립되었고 규모도 다양해졌다. 이 영화사들이 2차대전 이후 오랫동안 많은 영화를 누렸지만, 독점반대법이 입안되면서 8개의 영화사는 여러 개로 분산 해체되었다.

20세기 초의 막강한 스튜디오와 거대 기업을 바탕으로 성장했던 고전적 할리우드는 이제 거의 막을 내렸다. 작품의 수는 줄었으나 거대 자본이 투입된 블록버스터 영화가 출현했고, 독립영화사의 수도 증가했다. 2차대전 이후 영화 산업은 다양화되면서 많은 장르 영화와 디즈니 영화가 장편 영화의 주요한 원천이 되었다.

텔레비전이 폭넓게 보급되고 그 영향력이 대단히 증가하면서 영화산업은 기존의 점유율을 유지하기 위해서 새로운 혁신이 필요했다. 미국 가정의 텔레비전은 50년대 초에 3천2백만대로 늘어나자, 영화 관객의 수가 급격히 줄어들었고 1953년에는 절반으로 줄었다. 이제 할리우드는 빠르게 성장하는 주소비층으로서 10대를 겨냥한 영화를 만들었고, 시네라마(Cinerama)와 3-D 영화와 같은 기술적 혁신을 이루었다.

1970년대와 1980년부터 점차적으로 할리우드 스튜디오는 걸프(Gulf)와 웨스턴(Western)과 같은 거대 제작자에 의해 인수되었고 독립영화사와도 경쟁이 치열해졌다. 비디오와 같은 새로운 형식이 등장함으로써 미디어 회사와 영화 스튜디오는 타임워너사(Time-Warner Inc)와 같은 멀티미디어 대기업이 소유하게 되었다.

영화산업이 변천과 더불어 할리우드 역시 상당한 변화를 겪게 된다. 제작비의 중요성이 엄청나게 커졌다. 특히 다른 사회적 요인들과 더불어 젊은이들은 영화에 대한 관심이 줄었고 중년층 이상의 사람들은 텔레비전으로 영화와 드라마를 감상하거나 집에서 비디오를 대여했다. 또한 다이너스티(*Dynasty*)와 달라스(*Dallas*)와 같은 멜로드라마가 많은 영화 관객을 흡수하면서 영화 산업의 발전에 장애가 되었다. 그러나 제작비를 줄이고자 사람들은 할리우드와 캘리포니아가 아닌 다른 장소에서 영화를 만들기 시작했고, 특히 뉴욕과 텍사스에서 새로운 영화 시장을 개척하고, 대형 영화를 제작하기 시작했다. 비록 황금기는 지나갔지만, 영화는 여전히 미국에서뿐만 아니라 세계적으로도 성공적인 엔터테인먼트 산업의 하나이며, 또한 사업, 산업, 광고, 여러 분야의 교육 프로그램에 영화가 이용된다. 따라서 할리우드와 영화 산업이 지속적 수익창출과 새로운 시장개척을 위해서는 소유구조를 바꾸고 관객의 기호와 사회적 취향에 적응해야한다.

12. 미국의 소수인종

개요

미국의 모순은 평등 속의 불평등으로서 인종적 편견은 미국사회의 숙명적인 모순이다. 인종차별 문제는 특히 미대륙의 원주민인 인디언과 노예 후손인 흑인들의 대우에서 심각하게 드러난다.

인디언과 흑인들의 역사는 피정복, 장기간의 전쟁, 노예제도, 그리고 차별로 얼룩져 있다. 그들은 살아남기 위하여 백인의 권력에 굴복해야 했으나 그들을 도와주는 동조 집단은 찾을 수가 없었다. 오직 피부 색깔이 다르다는 이유만으로 미국문화사회에서 배척되어온 것이 사실이다.

흑인의 역사는 고난의 역사이다. 최초의 아프리카 흑인 노예는 청교도 개척민이 신대륙 프라이머스에 상륙한 전년도인 1619년이다. 아프리카인 노예는 신대륙으로 납치되면서 육체적 자유와 문화적 정체성을 상실하였다. 흑인노예는 그들의 고유한 언어, 가족 구성, 종교를 박탈당하고 남부농장의 노예로서 동물에 가까운 생활을 영위하였다. 이러한 생존은 남북전쟁에서 북군이 승리를 거두어 1863년 1월 1일 노예해방령이 선포될 때까지 거의 250년 동안 지속되었다. 노예 해방령에 의하여 법률적인 차별은 없어졌으나 1960년대에 마르틴 루터 킹(Martin Luther King) 목사와 말콤엑스(Malcolm X)를 위시한 흑인 민권 운동자들을 중심으로 한 민권운동이 전개될 때까지 인종편견은 사라지지 않았다.

유럽인에 의한 식민지개척이 시작될 당시 아메리칸 인디언 수는 약 200만 내지 300만 정도로 추산된다. 아메리카 인디언들은 동부와 중서부의 산림지대에서 수렵과 채집, 옥수수재배로 식량을 마련하면서 자연신앙, 씨족공동체, 상형문자, 물물교환 등의 독특한 인디언 문화를 형성하였다. 그러나 유럽인들이

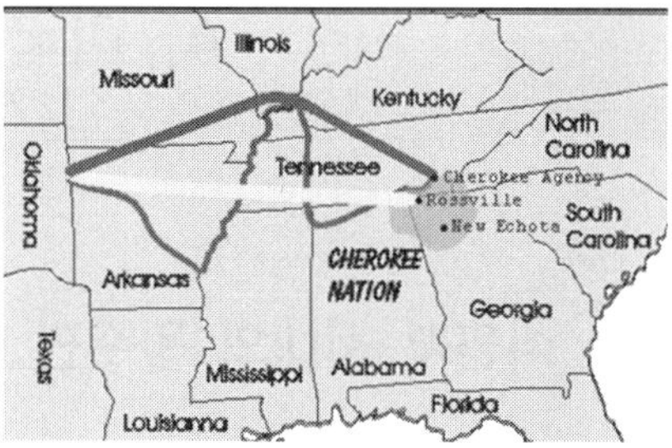

눈물의 길

옮겨온 질병 특히 천연두가 토착민들에게 전염되고 유럽정착민들과의 전쟁으로 인한 엄청난 인구 감소를 초래하였다. 백인 개척민이 서부로 이주하면서 인디언들은 들소와 더불어 서부로 밀려나게 되었다. 더욱이 1830년에 인디언 철퇴법이 통과되면서 동부지역의 인디언들은 서부지역으로 강제이주를 당하는 과정에서 1835년의 체로키 부족들의 "눈물의 길"(Trail of Tears)이라는 고난의 이주가 일어나기도 하였다. 1960년 아메리카 인디언들은 민권운동의 영향력을 받아 미국 인디언 공민권 운동(AIM)을 시작하여 미정부와 체결된 조약의 위반사례를 거론하였다. 1969년 인디언 상륙부대가 엘커트레져섬을 점령하는 등 인디언 권리 운동이 강화되면서 인디언의 지위 향상이 가시화되고 있다.

20세기 후반기에 접어들면서 미국내 인종차별은 흑백문제를 떠나 백인국과 아시아 인종, 아시아 인종과 흑인들 사이로 분화되면서 심각해지는 경향을 보여주고 있다. 이에 대한 정부의 조치로서 소수 인종에게 취업과 교육 분야에서 공평한 기회를 부여하려는 노력이 전개되었는데 예를 들면 소수자 우대 정책 (Affirmative Action)이 있다. 이 입법은 민족차별을 금지하고 여성고용촉진 등을 장려하는 경제적, 인종적, 평등 운동이다.

A. 미국 원주민

1 식민지 시대의 원주민 정책

영국 출신의 정착자들은 무역이나 광물자원보다는 토지를 차지하는 데 목적이 있었다. 그 결과 영국인들은 인디언 원주민들을 협박하여 토지 협약을 맺었다. 또한 영국인들은 여성과 아내를 신세계에 데려왔기 때문에 순혈정책을 고수했고, 원주민들을 사회적으로 차별하는 정책을 펼쳤다.

영국 식민지에서 원주민과의 관계는 불신, 분노, 끔찍한 전쟁의 반복으로 특징지을 수 있다. 처음 아메리카에 도착했을 때는 원주민으로부터 경작 기술과 모피, 인디언의 생존 기술 등 습득해야 했기 때문에 상대적으로 평화로운 시기였다. 그러나 15년에서 20년 정도가 지나자, 유럽인의 정착지가 확장되었고, 이로 말미암아 인디언과의 갈등이 시작되었다. 그리고 무역과 거래에 대한 의견 불일치와 원주민 문화에 대한 총체적인 이해 부족이 원주민 정복의 두 번째 단계인, 전면적 전쟁으로 확대되었다.

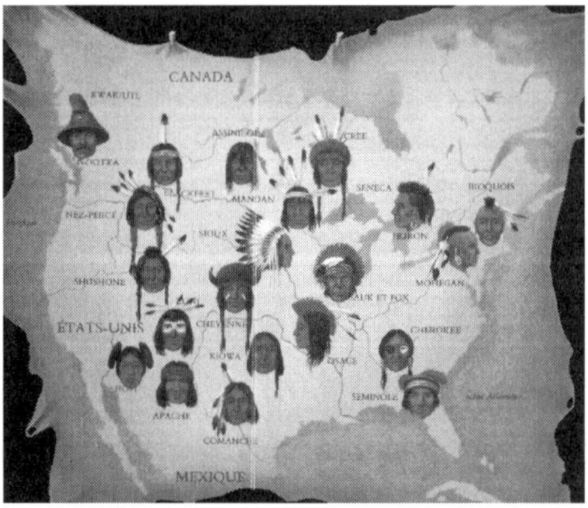

북아메리카 원주민 분포도

대부분, 식민지 주민들은 1750년대까지 전쟁 위협에 대한 해결방안을 찾고자 노력했다. 그 해결방안은 인디언의 강제 분리 정책에 기반을 두었다. 백인이 정착을 위해 더 많은 영토를 차지하면서 인디언과의 폭력사태를 예방하기 위해 원주민들을 멀리 떨어진 다른 지역으로 이주시키려 했다. 이 방식은 1630년대와 1640년대의 인디언 격리 수용 정책이었으며, 이후의 '원주민보호구역' 정책의 초기 형태라고 할 수 있다.

식민지 당국은 보호구역으로 이주한 원주민의 권리를 보호하겠다고 약속했다. 일반적으로 백인들은 원주민들에게 유럽인의 생활방식에 따를 것을 권했고, 기독교 개종을 촉구했다. 원주민들은 이에 분개하여 그들을 동화시키려는 시도에 저항했다. 이렇게 되자 다시, 또다시, 폭력적 갈등이 계속 이어졌고, 원주민들은 점점 더 먼 서부로 밀려나가게 되었다.

영국과 프랑스-인디언 전쟁 기간(1754-63) 동안 영국 정부는 새로운 정책을 수립했다. 이 정책은 원주민 부족들과의 협상하여, 경계선을 긋고, 아메리카 정착민이 더 이상 서부로 나아가지 못하도록 막았다. 즉, 1763년 선언문에서, 애팔래치아 산맥(Appalachian Mountains)의 서쪽 지역에 경계선을 긋고 그것을 미국식민지 영토의 경계선임을 공식적으로 밝혔다. 그 경계선의 서쪽 지역은 '인디언의 국가'였고, 따라서 이미 그 지역을 넘어서 서진했던 정착민들은 떠나야 했다.

이 정책에 대한 식민지 정착민의 반발과 저항도 미국 독립 혁명을 앞당기는 원동력이 되었다. 독립 전쟁이 시작되자, 미국 대표단이 인디언 부족을 설득하려 했지만, 대부분의 부족은 영국에 충성

했다. 독립전쟁이 끝나자 미국은 영국을 지지한 인디언 부족의 영토를 점령지로 간주했고, 보상금 없이 그들의 땅을 차지했다. 따라서 이 지역의 원주민 부족들은 빠르게 몰락했다.

2 정복과 추방 (1784-1860)

1783년에 맺은 조약은 영국이 미국에게 캐나다와 플로리다 사이의 모든 영토와 동쪽 대서양 해안에서 미시시피 강 사이의 모든 영토를 양도했지만, 인디언 원주민들의 권리를 보호하는 것은 요구하지 않았다.

미국은 원주민들의 영토를 전리품으로써 빼앗고자 계속 군사력을 동원했다. 그러나 미국은 원주민에게 계속 패배했다. 그 후 지금의 인디애나(Indiana)주에 위치한 폴른 팀버스(Fallen Timbers)에서 미군이 첫 중요한 승리를 거두자, 평화조약을 타결하고 싶어 했다.

군사적으로 완전히 정복하겠다는 희망을 포기하고, 많은 미국 지도자들은 새로운 형식의 동화정책을 펼쳤다. 의회는 미국의 사회·정치적 제도 안에서 원주민들이 생활할 수 있도록, 교사와 선교사를 파견하여, 원주민 교육 프로그램에 기금을 지원했다. 원주민들은 저항했고 미정부는 원주민을 미국 사회에 통합시키는 것은 불가능하다고 판단했다.

많은 부족은 미국인들이 '원주민추방정책'(*removal*)을 다시금

이주하는 미국 원주민들

받아들이도록 강요받았다. 추방정책이란, 미국인들이 원주민들을 미시시피 강 서부로 강제 이주시킨다는 것을 의미했다. 미국의 정치가들은 원주민추방정책이 인디언 원주민들을 탐욕적으로 몰려드는 미개지 개척자들로부터 그들을 보호해줄 것이고, 또한 알콜 중독, 질병, 가난에서 벗어나게 해주는 유일한 방법이라고 선전했다. 곧 이 정책은 국민들이 지지하는 인기있는 정책이 되었다. 간단히 말하면, 미국인들은 인디언들을 미국의 생활방식에 적응·동화시키는 최고의 방법이 그들을 백인사회에서 분리하여 멀리 떨어진 곳으로 격리하는 것이라고 믿었다.

1830년, 앤드류 잭슨(Andrew Jackson) 대통령은 '원주민 추방법안'(Indian Removal Act)을 승인했다. 오하이오 강(Ohio River) 지역의 많은 인디언 부족들은 개인적으로 추방 정책에 서명했고, 지금의 켄사스(Kansas) 지방으로 이주했다. 이제 공식적인 연방 정책은 지금의 오클라호마 지역을 영원한 '인디언 구역'(permanent 'Indian Territory')로 지정하고, 그곳으로 이주할 것을 명령했다. 주

정부 당국은 남쪽의 인디언 부족을 무시무시하게 협박했고, 체로키족(Cherokee)과 세미놀족(Seminole)은 부족 전체가 몰살될까 두려워했기 때문에 그 추방명령을 받아들였다. 세미놀족은 플로리다 에버글레이드(Everglades) 습지에서 7년 동안 게릴라 전투를 벌였지만, 성과가 없었고, 체로키족은 산업, 학교, 신문, 미국식의 정부 같은 많은 백인 제도들을 수용했었다.

당시 대법원은 원주민 부족이나 인디언보호구역이 독립된 국가나 주(州)는 아니지만, '미국에 종속된 국가'라고 판결했다. 이 무렵까지 원주민의 영토는 최소한 미국 정치 구조의 바깥에 있었다. 첫 번째 거주자의 권리가 인정되어, 당시 인디언 부족은 자신의 영토에 대한 자주권을 가지고 있었지만, 보상금을 받으면 땅을 잃을 수도 있었다. 연방정부만이 인디언 부족과 협상권을 지니고 있었고, 미국 시민은 정부의 허가나 조약에 따른 권리가 없다면, 인디언의 영토로 들어갈 수 없었다.

1840년이 되자, 거의 10만 명에 이르는 원주민들이 지정된 '인디언 구역'으로 강제 수용되었다. 미국 북동부의 산림지대에 살았던 인디언 부족들은 기후 차이 때문에 많은 고통을 받았다. 1840년과 1860년 사이에 인디언 구역에 적응하지 못하는 인디언들이 많이 생겨났지만, 연방정부는 종종 약속했던 자원이나 보호를 제공하지 않는 경우가 많았다. 이 지역의 인디언들은 알콜 중독이나 가난 등에 허덕였고, 자립하지 못했다.

3 격리수용과 강제 동화 (1860-1940)

남북 전쟁 기간에 미국 동남부 지역의 체로키족(Cherokee)과 그 지역 인디언들은 남부를 지지했다. 전쟁은 남부의 패배로 끝났고, 전후에 그들은 더 많은 영토를 포기하도록 요구받았다. 서부 개척이 빠르게 진행되어 미국이 캘리포니아(California), 네바다(Nevada)와 다코타(Dakota) 지역의 서부 대초원과 평원을 차지함으로써 '인디언 추방 정책'(*Removal*)은 '격리 수용'(*concentration*) 정책으로 바뀌었다. 미국 정부가 적극적으로 지원한 대륙횡단열차가 준공되자, 수많은 정착민이 이 지역으로 몰려들었다. 따라서 미국 정부는 인디언 원주민들을 지정된 '인디언 보호구역'으로 이주시켜서, 격리 수용하고자 했다.

1850년에서 1890년까지 서부 인디언 원주민들은 그들의 영토를 지키고자 투쟁했지만 실패했다. 백인 정착민들이 인디언의 영토를 빼앗는 전형적인 방법은 전쟁을 촉발하는 분쟁을 일으켜서 조약을 체결하고, 그리고 조약을 위반하고 다시 전쟁을 일으켜서 새로운 조약을 체결하는 식이었다. 조약의 체결과 불이행, 그리고 전쟁이 계속 반복되면서 원주민 인구는 급격히 감소했다. 물론 백인의 희생도 없지는 않았다. 이 시기에 발생한 가장 치열했던 전투는 1876년 리틀 빅혼(Little Big Horn)에서 발생했다. 이 전쟁에서 커스터 중령(Lieutenant-Colonel Custer)과 그의 부하들이 시팅 불(Sitting Bull)과 크레이지 호스(Crazy Horse)가 이끄는 다코타 전사들에 의해 죽임을 당했다.

영화 <운디드니에 내 심장을 묻어다오>

인디언과의 공식적 전쟁은 1890년 이른바 '운디드 니(Wounded Knee)' 전투와 함께 끝이 났다. 다코타 전사인 시팅 불은 미국인으로 전향한 원주민 경찰에 의해 체포되어 죽임을 당했다. 미국 군인들이 운디드니 크리크(Wounded Knee Creek)에서 다코타 근처에 있는 인디언 집단을 무장 해제시키고자 하자, 인디언들이 순순히 무기를 내려놓았지만, 몸을 수색하고, 그들의 숙소를 뒤지는 등 군인들의 횡포는 가속화 되었다. 이렇게 되자 시팅 불의 전사 소식을 이미 알고 있었던 인디언의 분노가 폭발했고 항의하기 시작했다. 당황한 군인들이 총을 발사하자 무기를 이미 반납한 대부분의 인디언은 도망치기 시작했다. 그러나 군인들은 여자와 아이들을 포함하여 300명 모두가 다 죽을 때까지 기관총을 쏘아댔다.

1970년대부터 1930년대까지 백인 미국인들은 인디언 동화 정책을 적극적으로 펼쳤다. 동화 정책의 동기는 순수했다. 인디언보호구역에 사는 인디언들이 경제자립도가 대단히 낮고 극심한 가난에 시달리고 있었으므로 그들을 미국 사회에 동화시킴으로써 더욱 양질의 삶을 누릴 수 있게 하는 것이었다. 그러나 원주민 내부에서는 동화 정책에 대한 반대의 목소리가 높았다. 백인과 결혼하여 혼혈 자녀를 둔 인디언들이나 이미 미국에 동화된 인디언들은 백인의 제도와 관습을 선호하는 경향이 있었지만, 순수 원주민들은 동화 정책을 강력하게 거부했다.

동화정책추진자들은 원주민보호구역에서 멀리 떨어진 곳에 기숙학교를 세우고, 그곳에서 원주민 아동들을 교육한다면, 아동의 세대는 미국 사회에 바로 동화될 수 있다고 믿었다. 학생들은 원주민 복장을 착용하거나, 원주민의 관습과 종교를 따르고 원주민의 언어를 쓰는 것은 금지되었고, 영어 전용 교육이 시행되었다. 이 동화정책에 따라 북미 원주민 사무국(Bureau of Indian Affairs, BIA)은 1880년대와 90년대에 원주민 아동을 위한 24개가 넘는 기숙학교를 지었다.

동화 정책의 핵심은 인디언 공유지 할당 프로그램(Allotment programs)에 있었다. 이것은 공유지로 되어 있었던 인디언보호구역 내의 토지를 분할하여 원주민 가정에 나누어주는 사유화 프로그램이다. 일반적으로 공유지 할당 계획은 한 가정의 가장에게는 각 160에이커(64 헥타르)와 18세 이상의 성인인 자에게는 각 80에이커를 나누어주는 것이었다. 미국은 이러한 사유재산제도를 받아들이고 부족공동체를 떠나는 원주민에게는 그 보상으로 미국 시민권을 부여했다. '북미 원주민 사무국'은 인디언보호구역에 토지 할당 과정을 시행하면서 원주민 학교를 통제했고, 전형적인 미국화 프로그램을 도입했다. 그러므로 토지할당 프로그램은 모든 수단을 동원하여 원주민을 강제적으로 동화시키려는 제도였다.

이 제도의 시행이 강제적이었기 때문에 토지 할당 계획은 느리게 진행되었다. 1934년, 원하는 인디언에게 토지를 배당하고 나서, 남아있는 인디언보호구역의 영토가 상당히 많았기 때문에, 남은 땅을 백인에게 팔았고, 농사에 실패했거나 파산한 인디언들로부터 배당

받은 땅을 백인들이 사들였다. 따라서 토지 할당 제도는 원주민들을 동화시키는 데는 그다지 성공하지 못했지만, 대신 투기자들과 땅에 굶주린 정착민들에게 엄청난 노다지를 제공했다.

4 원주민 강제이주 종결 정책 (1940-1970)

1930년대까지 거의 모든 연구는 최저빈곤층, 건강보험 혜택을 받을 수 없는 헬스 푸어(health poor) 계층, 저학력자 등에게 할당하는 복지 정책을 비난하는 목소리가 아주 높았다. 루스벨트(Franklin Roosevelt) 대통령의 '인디언 뉴딜 정책'('Indian New Deal)은 이러한 과거를 교정하기 위한 시도였다. 이에 따라 인디언 원주민을 위하여 좀 더 나은 의료진이 있는 새 병원을 건설했고, 원주민 언어를 버리고 영어전용을 강요했던 기숙학교들은, 원주민들을 위하여, 종교적 자유와 2개 국어 교육 등의 프로그램이 있는 지역 학교로 대체되었다.

1953년 미국 정부는 원주민들을 미국 사회로 동화시키기 위하여 세 개의 프로그램을 신설하였다. 첫째는 원주민이 잃어버린 토지와 조약 위반에 대해서 금전적 보상을 함으로써 모든 북미의 원주민을 정착시키려는 노력이다. 금전 보상으로 원주민들의 이의 제기가 일단 해결되자, 북미 원주민 사무국(BIA)은 둘째 단계로서 종결정책(*termination*)을 제안했다. 이 정책은 북미 원주민 부족의 자치권을 빼앗고, 인디언 원주민을 해당 주와 해당 지역의 입법권에 따르게 하는 강제동화정책이었다. 이 정책의 세 번째이자 최종 단계는 '원주민 거주지 이전 정책'(*relocation*)으로 도시 지역으로 이주한 원주민에게는 이사비용, 주거비, 단기간 직업 훈련비 등을 지급받고 다시 인디언보호구역으로 돌아오지 않는다는 서약서에 서명해야 했다. 이 새 정책의 목표는 원주민을 주류 미국 사회에 완전히 동화시키는 것으로 북미 원주민을 정상적 미국인으로 인정하는 것 대신에 원주민을 산업 노동자로 전환하는 데 목적이 있었다.

1960년대에 이르러 이 동화 정책은 엄청난 반대에 시달렸다. '종결정책'과 '원주민 거주지 이전 정책'은 복지 의존도를 높여서 복지 비용을 상승시켰고 인디언 원주민의 자립이 아니라 사회적 소외를 야기시켰다. 인디언 원주민 이익단체가 조직되어 로비와 법정 투쟁을 통하여 정의를 요구하기 시작했다. 미국 인디언 운동과 같은 대중 운동 조직은 매스 미디어의 관심을 끌고자 과격 행동을 취하기로 했다. 이 조직은 원주민의 땅을 반환받고 빼앗인 원주민의 권리를 되찾고자 샌프란시스코(San Francisco)만의 알카트래즈 섬(Alcatraz Island)을 점령했다. 뒤이어 미국이 동부에서 서부로 영토를 넓히면서 인디언과 맺은 조약을 깨뜨렸기 때문에, "그 깨진 조약의 길"(The Trail of Broken Treaties)을 반대쪽에서부터 거슬러서(서부에서 동부로) 연방의 수도인 워싱턴 D.C로 행진하여 인디언 사무국을 점령하고, 입구에 바리케이트를 치고, 시위를 계속했다. 정부와 협상을 통해 시위대가 해산되었다. 그러나 그 후 운디드 니(Wounded Knee)라는 역사적인 지역(1890년 300명의 인디언이 학살된 장소)에서 전국에서 모인 인디언들과 연방 정부의 군대가 몇 주 동안 대치하는 사건이 발생했다. 이 시위는 결국 진압되었지만

이를 통해 인디언 원주민들은 그동안 미국이 인디언 원주민과 맺은 협약을 어떻게 위반했는지, 그들의 상황이 얼마나 비참한지를 전 세계에 알리는 계기가 되었다.

5 현실과 전망 (1970-1990s)

1970년대 이후 미국이 전반적으로 보수화됨에 따라 인디언 대중 운동은 대부분 사라지거나 약화되었다. 그러나 북미 원주민 변호사단이 소송을 통해 중요한 승리를 거두었다. 전통적인 지역 관습, 부족 독립, 광물과 물의 권리, 건강과 교육 서비스의 증진, 그리고 유물들의 반환 등이 연방 법원에서 성공적으로 추진되었다. 빼앗긴 광대한 토지도 반환받거나 경제적 보상을 받았다. 그러나 법원은 19세기초와 마찬가지로 인디언 원주민은 국가에 종속된 하나의 부족이자, 소수민족이라는 정의에는 변함이 없었다.

1975년 국회는 원주민의 관할권을 주 정부에게 위임하지 않고 각 부족의 위원회에게 주었다. 각 부족의 위원회는 회사를 설립하고 대규모 농사를 위한 관개시설과 관광 리조트를 건설했지만, 광산을 보유한 소수의 부족만이 경제적인 성과를 거두었다. 추

체로키 원주민 보호구역

정컨대 미국의 20%의 석유와 우라늄의 2/3은 원주민 보호구역에서 나온다. 원주민보호구역의 상황이 개선되자, 주로 도시로 이동하던 원주민들은 다시 원주민 보호구역으로 돌아가기도 했다.

1990년의 인구통계에 의하면, 북미 원주민중 1/4만이 인디언보호구역에서 거주한다. 나머지 3/4는 일자리를 찾아 도시로 이동했다. 그러나 인디언 원주민이 미국 도시에 적응하기는 쉽지 않았다. 약 20%는 최저임금에 미치는 못하는 생활을 했고, 실업률도 높았다. 또한 대부분 인디언 보호구역의 환경은 대단히 나쁘다. 원주민들의 실업률은 대단히 높고, 자살률도 미국 소수 민족 중 가장 높고, 원주민 다수가 알콜 중독, 저학력, 영양실조, 정신병 등에 시달린다.

B. 미국 흑인

1 노예에서 자유민으로 (1600-1870)

오늘날 미국에는 300만 명 이상의 아프리카계 미국인(African Americans)이 살고 있다. 대부분 자연적 인구 증가에 의해서지만, 카리브해 지역과 아프리카 국가에서 새로 들어온 이주민의 증가도 한몫을 한다. 오늘날 흑인들의 삶의 기준이 향상되었고 높은 수준의 교육을 받지만, 그들의 평균 1인당 소득은 백인들보다 65% 낮다. 오늘날 대부분 흑인들은 도시 지역에 살고 있다.

1600년대 초, 미국 남부 흑인들은 처음에는 일정 기간 돈을 받고 일하는 계약 하인들이었다. 1600년대 말부터 노예 제도가 보편화되었고 흑인들은 재산의 지위로 강등되었다. 노예를 소유하는 것은

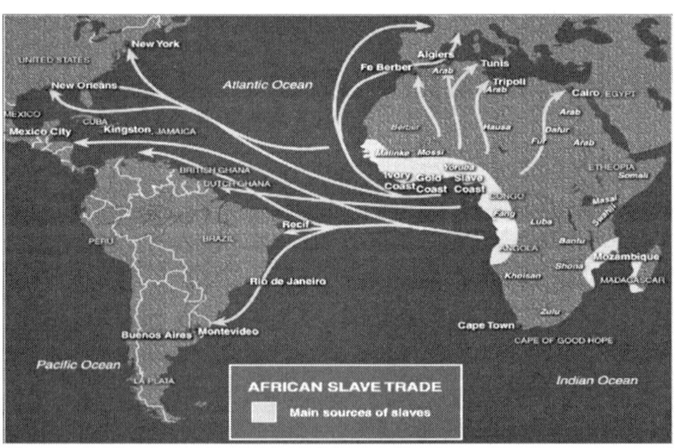

당시 노예 무역 지도

남부 경제에서 아주 중요한 부분을 차지하면서 식민시대의 막바지에는 390만 명의 미국 인구 중 노예의 비율은 18%에 달했다. 1800년대 초 담배 농사와 쌀 농장이 많은 수익을 내지 못하게 되자, 노예 노동력에 대한 의존은 약화되었다. 19세기로 접어들어 새로운 목화 산업 기술이 개발되자, 노예 노동력이 한층 더 필요해졌다. 엘리 휘트니(Eli Whitney)가 발명한 조면기(cotton gin)는 목화를 딸 노예들이 더 많으면 많을수록 더 큰 수익을 낼 수 있었다. 따라서 1860년 노예 인구는 400만 명에 다다랐다

링컨 노예해방선언

1820년에서 남북전쟁의 발발하기까지, 의회는 노예주와 자유주의 균형을 유지하려는 정치적 협상을 시도했다. 협상이 결국 실패하면서 1861년 남북전쟁이 시작되었다. 1863년 1월 1일, 링컨(Lincoln)은 노예해방선언(Emancipation Proclamation)을 했고, 남부군이 북부군에게 패배함으로써 전쟁이 끝났다. 연방정부는 노예제도를 폐지하고 모든 노예에게 시민권을 부여하는 헌법을 개정했다. 그러나 단 한 평의 토지도, 돈도 없었고, 교육도 받지 않은 대부분의 흑인 노예들이 자유민이 되었다고 달라질 것은 별로 없었다. 그들은 백인의 소작인으로 일하거나 이전 주인에게서 땅과 장비를 빌려야만 했다. 임대 비용이 너무 비쌌기 때문에 수확량 대부분은 농장주에게 갔고, 남은 것이 있다 해도 거의 빚을 갚는 데에 썼다.

전쟁 후 남부 재건 기간(Reconstruction)에 남부에 개정 헌법이

북부의 연방군에 의해 강제로 시행되었다. 흑인을 같은 인간으로 인정하지 못한 대부분의 남부인들은 흑인들의 사회적, 경제적, 정치적 권리를 부정하는 여러 법률을 통과시켰으며 흑백분리 정책을 펼쳤다. 이 흑백 분리 정책은 '짐 크로 법률'(Jim Crow laws)이라고 불리며, 1860년대에 실질적으로 대부분의 남부 주에 남아있었다. 1870년대 후반이 되자 북부의 지도자들은 이전 노예의 조항을 폐기했고 상급 법원은 이 법률들이 '모든 미국인의 동등한 권리를 보장한다'는 '미국 연방 헌법 수정 제14조'에 위배된다는 판례를 내렸지만, 많은 사람은 노예였던 사람들을 같은 시민으로 인정하지 않았다.

2 인종분리 정책과 저항운동 (1900-1950)

1909년 '전미유색인종지위향상협회'(National Association for the Advancement of Colored People, NAACP)가 설립되었고, 이 단체의 백인과 흑인들은 아프리카계 미국인의 민권을 위해 싸웠다. 당시 90%의 흑인들이 남부에 살았다. 1915년 NAACP는 1860년에 자신의 조상이 투표하지 않았던 사람들에게 투표권을 금지하는 조부조항(grandfather clause)을 무효화시키기 위해 법원을 성공적으로 설득했다. 1935년에 NAACP는 또한 흑백주거분리법을 무효화시켰다.

이 무렵 많은 흑인들은 남부에서 북부 도시로 이주하였다. 1950

년, 남부 이외의 지역에 사는 흑인들이 전체 흑인 인구 중 거의 절반에 달했다. 남부 주는 인종분리법(*De jure* segregation)을 만들어 법제정을 통해 인종차별을 하고 있었던 반면, 북부에서는 인종차별이 모든 곳에서 자행되고 있기는 해도, 최소한 인종차별을 법제화하지는 않았다. 인종분리법은 공립학교나 공공장소, 심지어 대중교통시설에 이르기까지 흑인전용과 백인전용을 구분해서, 백인전용시설이나 장소를 흑인이 이용하지 못하도록 하는 법률이었다.

개, 흑인, 멕시코인 출입금지를 표시한 당시 표지판

다음 10년간, NAACP는 "분리되었지만 평등한 정책"(separate-but-equal doctrine)의 문제점들을 공격했다. 교육 분야에서는 백인 학교와 흑인 학교를 분리하여, 흑인 학생들은 시설이 열악한 흑인 학교에만 다닐 수 있도록 규정함으로써, 흑인 학생들이 사실상의 불평등을 수용하도록 강제했다. 대법원은 이 정책을 무효화하지는 않았지만, 다음 10년 동안 대학교와 고등학교에서 흑백분리정책을 실행하는 것을 거의 불가능하게 했다. NAACP는 플레시 정책(*Plessy* doctrine)은 그 부당성을 증명했으며 공공장소에서 강제된 인종분리에 대한 법원의 개정이 뒤따랐다. 플레시 정책이란 1896년 규정된 것으로, 같은 시설을 백인 시설과 흑인 시설로 분리

인종분리 표시

하여 제공할 수 있다는 판결에 따라 시행한 인종 분리 정책이다. 그러나 NAACP의 활동은 플레시 정책이 명백한 위헌임을 밝혀냈다.

흑백분리를 폐지하는 법규는 마련되었지만, 법규의 실행은 남부의 대대적인 저항에 부딪혀서 어려움을 겪었다. 3년 후, 아칸소(Arkansas)주의 리틀 록(Little Rock)에서 9명의 흑인 학생이 백인 학교에 출석했을 때 폭력 사태가 발발했고, 아이젠하워 대통령은 연방군을 파견하여 평화를 유지하고 법원 명령의 집행이 보장될 수 있도록 했다. 이 조치가 있고 난 이후에서야 센트랄 고등학교에서 첫 번째 흑인 학생이 받아들여졌다. 이에 저항하는 남부의 주(州)들은 법규를 교묘하게 피해갈 수 있는 다른 방법을 생각해냈고, 백인들은 자신의 아이들을 시민권리법령을 시행하지 않아도 되는 사립학교로 점점 더 많이 보내기 시작했다. 1964년에는 남부의 전체 흑인 학생 중, 단 2%만이 인종분리정책을 철폐한 학교에 다녔다.

미국의 흑인.백인 통합교육 관련 연방 대법원 판례

1896년	1954년	2007년
'분리하지만 평등(separate but equal) 논리로 흑백 분리교육 합헌 결정	흑백 분리교육은 "수정헌법 제 14조의 시민 평등권 위배"판결	시애틀(워싱턴주), 루이빌(켄터키주) 두 도시가 흑백 통합교육을 하면서 "거주지와 관계없이 학생을 배정하는 것은 또 다른 차별"이라고 판결
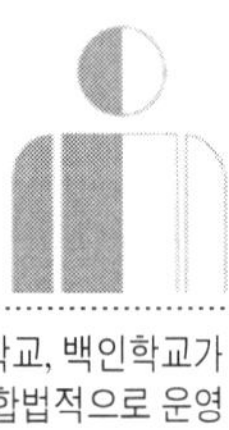		
흑인학교, 백인학교가 각각 합법적으로 운영	각 주정부와 도시에서 흑백 통합교육 실시 계기	흑백통합교육을 시행하지 않아도 되는 근거로 작용가능성

3 시민권 운동 (1955-1990)

Rosa Parks

미국 남부에서 인종분리정책의 철폐는 북부보다 훨씬 더 어려웠다. 1955년 앨라배마(Alabama) 몽고메리(Montgomery) 출신의 흑인 여성 로사 파크스(Rosa Parks)는 버스 앞쪽의 백인 좌석에 앉았다는 이유로 체포되어 벌금을 물었다. 이 사건으로 흑인들이 도시의 버스 체계를 보이콧하는 계기가 되었고, 이 시위를 젊은 침례교 목사인 마틴 루터 킹(Martin Luther King, Jr.)이 주도했다. 그는 1950년대와 1960년대의 시민권 운동을 조직했던 남부 기독교 지도자 회의(Southern Christian Leadership Conference, SCLC)의 창립자 중 한 명이었다. 1963년 링컨 기념관에서 25000명 이상의 사람들에게 그가 전했던 "나는 꿈이 있습니다"(I Have a Dream)라는 연설은 미국 역사상 인종적 평등에 대한 가장 고무적인 연설 중 하나로 간주된다.

남부에서 시민권 운동(Civil Rights Movement)에 대한 백인 관리들의 악랄한 진압은 다른 지역의 미국인들도 인종 차별의 문제에 주목하도록 만들었다. 케네디(Kennedy)는 대통령으로서 처음으로 이 문제를 언급했고, 인종 차별에 맞서 싸우는 것이 당시의 도덕적인 쟁점이라고 말했다. 1964년 민권법(Civil Rights

Martin Luther King, Jr.

Act)은 직업과 공공 숙박시설에서의 차별이 불법임을 명시했고, 다음해 투표권법(Voting Rights Act)은 선거인명부를 공개했으며 남부의 정치를 완전히 바꾸어 놓았다.

1969년 대법원은 모든 공립학교에서의 인종 분리를 금지했다. 그래도 흑인은 대부분 도시 안쪽에 거주하고, 백인은 대부분 교외(suburbs)에 거주하는 주거 패턴과 인종분리는 실질적으로 사라지지 않았다. 인종분리금지 법안에 따라 교외 지역의 백인 학생, 혹은 슬럼가의 흑인 학생이 버스를 타고 통학하게 하는 인위적인 흑백통합교육과 버스통학제는 엄청난 반대를 일으켰다. 5년 후, 법원은 도시에서 교외로, 교외에서 도시로 운행하는 버스통학제를 금지하는 판결을 내렸다.

시민권 운동은 비폭력 혁명으로 불린다. 그래서 마틴 루터 킹 목사의 비폭력운동이 실질적인 변화를 가져오지 못하거나 변화의 속도가 지나치게 느리다고 비판하는 흑인 단체가 등장했다. 급진적인 흑인 단체는 백인문화로의 동화(assimilation)를 거부하고, 미국 땅에서 아프리카계 미국인의 문화를 활성화하기를 원했다. 이 단체의 대표자가 유명한 흑인 이슬람교도, 말콤 엑스(Malcolm X)이다. 그는 백인의 생활방식과 정책을 거부했다. 이 급진적 흑인 운동은 경찰과 폭력적으로 대립하게 되었다. 1965년 말콤 엑스는 암살되었고, 3년 후 마틴 루터 킹 역시 살해되자, 많은 흑인에게 비폭력은 시민권을 얻기 위한 효율적 수단이 결코 될 수 없는 것처럼 보였다.

Malcolm X

기회의 평등을 활용하여 흑인들이 더 많은

봉급과 더 나은 집 등의 삶의 질을 향상시키려면 무엇보다 수준 높은 교육과 기술이 필요했다. 1968년 공정 주택법(Fair Housing Act)에도 불구하고 집을 사거나 빌리려는 다수의 흑인은 여전히 차별과 마주하고 있었다. 북부에서든 남부에서든 흑인 학생에게는 백인 학생과 동등한 수준의 교육이 여전히 제공되지 않았다. 몇몇 주(州)가 다른 주보다 소수인종정책에서 좀 더 성공적이었을 뿐이었다.

13. 미국인의 일상활동

개요

미국문화의 특성이 엔터테인먼트라고 해도 과언이 아닐 정도로 미국의 휴가·오락산업은 다양하고 일상생활의 구석구석까지 스며 있다. 실제 과거와 현재에 걸쳐 이루어진 미국의 형성과정을 살피려고 한다면 식민지 시대부터 오늘에 이르기까지 미국인의 일상사를 바탕으로 한 연예오락을 연구하는 편이 차라리 무난할 것이다.

식민지시대의 대중오락은 옥수수껍질 벗기기 대회, 쟁기질 대회, 철자법 대회, 누비이불 만들기 등 근면과 검소한 삶이라는 청교도적 정신이 반영된 것이다. 오늘날 미국시민들의 일상생활은 여가와 재미를 바탕으로 하고 있다. 미국인들은 노동에서 뿐만 아니라 휴식에서도 최선을 다한다. 그들이 하는 모든 것, 심지어 여가와 휴가에도 진지하고 심각한 목표가 있는 듯이 보인다. 그들은 건강을 위해 운동하고, 휴식을 위해 연주회나 극장에 가며, 이기고자 구기 경기에 참여한다. "나는 이기는 것이 중요하다고 생각했었으나, 이제는 이기는 것이 전부라고 생각한다" 라고 어느 운동 선수가 말한 바 있듯이, 미국의 연예오락은 365일 내내 팬터지를 형성하여 미국인들의 거실, 식당, 침실로 침투하고 있다.

1840년부터 대중화되기 시작한 미국의 스포츠는 두 갈래 방향으로 발전하였다. 하나는 상업적 이득을 목표로 하는 프로 스포츠와 신사라는 사회적 지위로 나아가는 아마추어리즘이다. 초기에 가장 인기 있던 관람경기는 경마였다. 오늘날 미국 국민에게 뿌리를 내린 4대 운동 종목은 야구, 농구, 축구, 하키이다. 야구 경기의 경우

1903년 월드시리즈가 탄생하였으며, 이주민을 미국 문화에 쉽게 동화시키고자 하는 목적에서 시작된 농구에서는 1949년 NBA가 결성되었고, 종족적 경기로서 집단 본능에 호소하는 미식축구는 1820년 하버드 대학에서 비롯되었다. 프로든 아마추어든 미국스포츠는 미국인의 의식을 적나라하게 보여주는 내셔널리즘과 메커니즘을 지니고 있다.

무성영화에서 시작된 미국영화는 1920년 이후 미국의 주요 수출품이 되고 있다. 1716년에 윌리엄즈버그에 최초의 극장이 건설되었고, 1820년대에 서커스가 활기를 띠기 시작했다. 미국의 영상 산업은 로맨스, 희극, 추리극, 서부극, 멜로드라마, 사극, 다큐멘터리, SF 등 다양한 장르를 포함하며 영화배우들의 생활양상은 미국인들의 일상생활에 즉각적인 영향력을 미친다.

미국인들의 음식문화의 특징은 햄버거, 피자, 치킨, 팝콘, 포테이토칩과 같은 패스트 푸드이다. 이것은 이동성과 자동차 문화를 특징으로 하는 미국인의 생활방식에서 보면 불가피한 음식문화이다. 각 이주민의 고유음식점과 소수민족의 타운 형성은 음식의 종류를 다양하게 하였다. 시민들은 식품의약청(Food and Drug Administration)의 엄격한 규정으로 위생적이고 청결한 식품 공급을 보장받게 되었으며 냉동산업을 기반으로 대규모의 식품 체인점이 발전한 것도 미국 음식문화의 특징이라 하겠다.

1 스포츠

미국 스포츠는 돈벌이가 대단히 잘되는 사업이다. 많은 미국인은 스포츠를 직접 참여하는 것을 좋아할 뿐만 아니라 스포츠 관람도 좋아하고, 자신들이 좋아하는 팀을 열정적으로 응원한다.

수퍼볼

미국의 스포츠는 프로와 아마추어로 구분된다. 1990년의 통계에 의하면, 가장 많은 관중을 확보한 프로 스포츠는 미식축구인 내셔널 풋볼 리그(National Football League)이고, 두 번째가 프로야구이며, 그다음은 승마, 그레이하운드 경주(greyhound racing: 전기장치로 달리는 토끼 모형을 그레이하운드에게 쫓게 하는 경주), 농구, 아이스하키 순이다. 미식축구 시즌은 이른 가을에 시작하고, 농구는 겨울 실내 스포츠이며 야구 시즌은 봄과 여름이다.

미식축구나 아이스하키, 권투와 같은 프로스포츠나 아마추어 스포츠는 격렬한 몸싸움이 벌어지는 경기이지만, 미국 스포츠는 다른 나라의 경우처럼 관중이 난동을 부리는 일은 별로 없다. 야구와 미식축구처럼 대부분의 스포츠 이벤트는 여전히 온 가족이 함께하는 외출이다. 그들은 축제와 같은 분위기를 즐기며, 스포츠 이벤트는 대규모의 쇼 비지니스로서 많은 치어 리더들과 밴드가 참여하여 관객의 즐거움을 배가시켜준다.

시즌이 시작되면 신문과 텔레비전은 앞다투어 경기를 중계하거나 경기 결과를 보도한다. 이것은 미국 스포츠의 상업성과 대중성을 반영하는 척도이기도 하다. 미국의 스포츠 프로그램은 텔레비전과 라디오에서 동시에 중계하기도 한다. 또한 스포츠는 NBC, CBS와 ABC 등의 방송사들이 시장점유율을 놓고 싸울 만큼 많은 시청자를 확보하고 있다. ESPN과 같은 몇몇 케이블 방송사는 24시간 내내 스포츠 중계와 스포츠 관련 보도를 하며, 아주 많은 시청자를 확보하고 있다. 텔레비전뿐만 아니라 모든 매체는 스포츠 중계 및 관련 보도를 하여 많은 수익을 창출하고 군중을 끌어들임으로써 서로 윈-윈 효과를 거둔다.

스포츠 보도와 중계를 담당하는 미디어가 인기를 얻는다는 것은 스포츠에 많은 광고가 붙고 그것이 상업적 효과를 거둔다는 의미다. 텔레비전 방송과 케이블 방송사는 스포츠 중계권을 얻고자 경쟁을 벌이고 스포츠 협회와 거액의 계약을 맺는다. 광고주들 역시 스포츠에 관심이 많고 텔레비전 방송사에 스포츠 시청자와 팬들을 겨냥한 상품 광고 계약을 맺는다. 내셔널 풋볼 리그와 같은 몇몇 프로 스포츠는 텔레비전과 케이블 방송사로부터 많은 수입을 올린다.

미국 프로 스포츠의 상업화는 선수의 경력에도 영향을 미친다. 스포츠 선수로서 성공하게 되면 엄청난 경제적 보상이 뒤따른다. 경기 능력뿐만 아니라 선수 자체가 큰 광고 효과를 지니기 때문에 스포츠 웨어와 같은 상품 광고와 공익 광고나 홍보, 그리고 대기업 스폰서의 후원을 받는다.

고등학교, 대학교의 스포츠 역시 점점 더 상업화되었다. 고등학교와 대학교는 학생들에게 폭넓고 다양한 스포츠 활동을 제공한다. 교육기관에서의 스포츠는 아주 조직적이고 경쟁적이며 일반적으로 지역적인 관심과 지지를 받는다. 교육기관은 미식축구, 농구, 야구, 테니스, 레슬링, 체조, 육상(또는 트랙과 필드), 축구, 수영, 배구, 펜싱, 골프 팀과 시설, 그리고 연습 시설과 대회 시설을 제공한다.

뛰어난 고등학교 운동선수는 스포츠를 중시하는 대학에 진학할 수 있고 체육 특기생 장학금을 받는다. 한 때 아마추어로 여겨지던 대학 스포츠는 점점 더 경쟁적이 되고, 상업화되었다. 대학 운동부는 TV 경기 중계와 입장권 판매로 벌어들인 많은 돈을 민간 기관에 기부하고, 상당한 지역공동체의 지지를 얻는다. 그러나 최고의 고등학교 운동선수를 모집하는 것을 강조하는 것은 대학의 교육적 평판에 좋지 않은 영향을 미칠 수도 있다.

2 여가

주요 스포츠 외에도, 개인적이고 일상화된 다른 스포츠 활동들이 많이 있다. 여가 활동으로 즐기는 대중 스포츠는 종류가 많다. 미국 인구 조사국(US Bureau of the Census)에서 1988년 조사한 가장 대중적인 10개 스포츠의 성별로 분류하면 다음과 같다.

1	수영	여 37%, 남 32%
2	워킹	여 38%, 남 21%
3	자전거	여 26%, 남 27%
4	캠핑	여 19%, 남 22%

5	낚시 (민물)	여 12%, 남 26%
6	볼링(10핀)	여 17%, 남 19%
7	장비를 갖춘 운동	여 13%, 남 14%
8	에어로빅	여 19%, 남 3%
9	농구	여 6%, 남 16%
10	달리기/조깅	여 9%, 남 13%

『스포츠 참여』(*Sports Participation*)에 따르면, 위의 목록은 1990년대에도 거의 비슷하다. 남자와 여자 모두에게 가장 인기 있는 활동은 워킹이고, 그 다음으로 수영, 자전거, 캠핑, 민물 낚시, 볼링, 장비를 갖춘 운동, 농구, 달리기/조깅과 에어로빅이 뒤를 이었다.

미국에서 헬스와 피트니스는 여가 활동이나 스포츠와 관련이 깊다. 미국인들은 광적으로 건강관리를 하고, 값비싼 신상 트레이닝복, 장비, 책, 비디오를 구입한다. 많은 이들이 건강관리는 멋진 것이며 정기적으로 피트니스 운동을 한다. 이것은 미국인들이 이상적이라고 생각하는 젊고 날씬한 몸과 관련이 깊다. 미국에서 길거리에서 조깅하는 사람들을 자주 볼 수 있으며, 에어로빅과 웨이트 트레이닝은 남녀 모두에게 인기가 있다. 헬스 클럽의 수는 배로 늘어났고, 건강한 몸을 유지하며 스포츠를 즐기고 싶어 하는 사람들을 위한 많은 공공시설과 사설기관들이 있다. 이중 몇몇은 지역사회 또는 기업에서 그들 회사에서 일하는 사람들을 위해 무료로 제공된다. 돈을 더 지불할 수 있는 여유가 있는 사람들은 사설 클럽에 가기도 한다.

스포츠 시설과 운동에 대한 개인의 관심에도 여론조사에서는

80%에서 90%의 미국인들이 자신이 비만이거나 건강하지 않고 운동부족이라고 생각한다고 한다. 그들 중 30%는 담배를 피우며 약 80%는 건강관리와 다이어트를 오래 지속하지 못한다고 응답했다. 많은 미국인 사이에 패스트 푸드의 보급, 일자리에 대한 스트레스, 앉아서 TV를 시청하는 습관 등에 의해 미국인의 운동부족은 심화되고 있다.

3 음식 : 500억 달러의 햄버거

미국의 대표적인 음식은 무엇일까? 햄버거나 핫도그? 후라이드 치킨이나 거대한 스테이크? 그렇다고 할 수 있다. 스파게티와 피자도 미국 음식이고, 탕수육도 미국음식이다. 미국인들은 상상할 수 있는 모든 종류의 음식을 먹는다. 예를 들면 뉴욕에는 천 개 이상의 중국 음식점이 있다.

그럼에도 미국 고유의 전통적 음식으로 간주되는 것은 있다. 칠면조 요리가 그것이다. 그들은 추수감사절에 가족들이 식탁에 둘러앉아 칠면조를 먹는 것을 좋아한다. 그들은 "엄마"가 요리를 한 번도 한 적이 없다 하더라도 전 세계에서 최고의 요리사라고 생각한다. 이러한 생각에 대한 관용적인 표현이 "As American as apple pie", "Like Mother makes it"이다.

오늘날 미국에서 가족들이 함께 모여 식사를 같이하는 횟수는 예전보다 많이 줄었다. 저녁때 식사를 함께하는 대신에 가족들은 부엌의 냉장고 앞에서 가끔 마주친다. 옛날식의 요리를 하기에는 시간이 없다. 온종일 빠르게 먹어치울 수 있는 간식거리가 그 자리를 대신한다. 사람들은 길거리에서나 TV 앞, 그들의 책상 앞에서, 그들은 아무 때나, 먹고 싶은 곳에서 먹는다.

맥도날드

거대한 패스트푸드 산업은 배고픈 미국인들에게 원하는 시간에 원하는 간식거리를 제공한다. 아이스크림, 팝콘, 핫도그가게는 미국 어디에서든 목격할 수 있다. 이 중에서 맥도날드의 햄버거 사업이 가장 잘 알려졌을 것이다. 통계에 의하면, 1948년에 첫 햄버거가 팔렸고, 1984년 11월, 1500만 개의 햄버거가 팔렸다.

미국인이 패스트 푸드를 많이 먹으면, 먹을수록, 이를 걱정하는 미국인들이 늘어나고 있다. 패스트 푸드는 비만의 원인이며 실제로 미국은 세계 제1위의 비만국이기도 하다. 스낵이 건강에 좋지 않기 때문에 건강식품에 대한 요구가 커지고 있다. 중산층은 스테이크나 아이스크림 대신에 샐러드, 콩, 과일을 먹고, 알코올 섭취도 많이 줄였다. 조금이라도 술을 마시는 미국인은 67% 정도이고, 3분의 1은 이전보다 술을 적게 마신다. 상류층 사업가들은 점심으로 포도주 대신 미네랄워터를 주문한다.

건강에 가장 많은 관심을 보이는 국가가 미국이기도 하다. 비만은 많은 건강문제를 일으킨다. 그래서 미국에서는 뚱뚱한 사람들은 날씬한 사람보다 직장을 구하거나 친구를 사귀는 것이 상대적으로 더 어렵다. 잘 살기를 원한다면 날씬한 몸매를 유지해야 한다. 그러나 이것이 공평한 논리일까? 광고주들과 패스트푸드 판매자들은 사람들에게 "먹어, 먹어, 먹어"라고 소리친다. 하지만 그 안에는 "멈춰, 멈춰, 멈춰"라고 말하는 다른 목소리도 있다.

4 미용 : 10억 달러 산업

우리의 할머니 세대가 느끼는 아름다움과 미의식이란 그저 피부 한 꺼풀의 차이에 지나지 않았다. 오늘날에는 피부를 가꾸고 미모를 꾸미는 일을 사소하거나 대수롭지 않게 여기는 사람은 별로 없다. 백인들은 자신의 피부가 더 짙어 보이기를 원하고 백인이 아닌 사람들은 더 흰 피부를 선호한다. 나이 든 사람은 젊어 보이길 원하고 청소년들은 나이 들어 보이길 원한다. 그러나 거의 모든 사람은 날씬해지려고 많은 노력을 기울이다.

미국인들은 연간 수십억의 달러를 미용 산업에 사용한다. 피부를 갈색으로 만들고자 미국인들이 매년 지출하는 비용은 연간 3억 달러에 달한다. 따뜻한 기후의 휴양지에서 휴가를 보낼 수 있는 여유가 없는 사람들은 전기태양 아래의 태양 침대에서 일광욕하면서 30분에 10달러를 지불한다.

성형외과, 피부과, 치과 등의 의사들도 미용 산업에 참여한다. 치과의사들의 노력으로 오늘날 미국인들의 치아는 1970년보다 50%나 좋아졌다. 미용 사업으로 치과의사들은 치아 미백, 치아 교정 등, 예쁘게 보일 수 있는 모든 것을 "웃음 교정(smile repair) 치료"라는 이름으로 수행한다. 치과의사들이 완벽한 웃음에 공들일 때 전문의들은 지방 제거술, 코수술, 주름살 제거술, 탄력 있는 피부 만들기 등의 미용 사업을 한다.

미용은 한때 여성만의 관심사였지만, 오늘날은 남성들도 미용에 많은 관심을 가진다. 남성들은 면도 크림, 면도 후 스킨, 혹은 남성 전용 화장품 등을 사는 데 연간 10억 달러 이상을 쓴다.

미국인들은 패션에도 관심이 많다. 1970년대까지는 파리가 세계 패션의 중심지였고, 대부분의 미국인 디자이너들은 유럽을 모방하는 수준에 지나지 않았다. 대다수의 미국인은 튼튼하고 편한 옷들을 선택했고, 신발이나 속옷 등을 통신 판매 카탈로그를 이용하여 구매하였다. 1200만 미국 가구들은 아직 적어도 몇몇 옷들은 거의 100년 동안 미국 최고의 통신판매업체인 시어스(Sears)의 카탈로그에서 주문을 한다.

오늘날 미국 패션 산업이 성장을 거듭하여, 세계화됨으로써 시어스 조차도 패션 디자인에 민감한 제품을 카탈로그에 올린다. 노마 카말리, 랄프 로렌, 캘빈 클라인과 같이 세계적으로 유명한 디자이너들의 대담한 광고가 남성 속옷에 대한 시각을 바꾸어놓았다. 미국 패션의 중심인 뉴욕시 17번가에는 새롭고 신선한 아이디어가 넘쳐난다.

아름다움은 그저 피부 한 꺼풀에 지나지 않을 수 있다. 그러나 미국에는 많고 다양한 아름다움이 존재한다. 믿을 수 없다면, 미인 대회를 직접 보기 바란다. 미인의 수영복 심사는 미모만을 보는 것이 아니라, 수많은 인종의 피부미인 또한 보게 될 것이다.

14. 미국에 대한 실용 정보

개요

다민족으로 구성된 미국사회에 있어서 국가적인 통일을 유지하고 시민생활의 편리성을 유지하기 위하여 미국인들은 질서 있는 행동규범을 요구받는다. 이 행동규범은 호텔, 레스토랑, 쇼핑몰, 스포츠 센터 등 일상적인 생활공간에서 뿐만 아니라 공원, 캠핑장, 도로, 사냥터, 낚시터와 같은 레저지역에서도 준수되고 있다. 미국인들의 질서는 평등과 공존이라는 민주주의 의식을 토대로 할 때 전통적인 사회계급을 초월하여 모든 개인이 자유로워진다는 믿음을 바탕으로 한다. 한때 1960년대에는 정치적 암살, 인종 폭동, 공해와 무질서로 인하여 미국 시민생활에 위기를 초래한 적도 있으나, 미국의 질서문화는 미국정치, 경제, 사회의 중추 역할을 하고 있다. 곧 다문화 사회인 미국 사회를 유지하고 존속시키는 힘은 시민상호간에 약속된 절차와 기준이라고 볼 수 있다.

미국여행을 계획하거나 미국에서 체류할 필요가 있을 때 미국에 대한 기초지식은 필요 불가결하다. 대부분의 사람이 TV, 잡지 혹은 교과서 등을 통하여 미국의 기초적인 지형과 주요도시의 관광지에 대해서는 익숙해 있으나 실제적으로 생활하고 여행하기 위한 생활지식은 부족한 경우가 많다. 곧, 관광지식과 생활지식은 전혀 다른 것이다. 교통편, 은행, 관공서 출입, 쇼핑, 렌트, 팁, 전화사용, 예약에 걸친 생활양식은 우리나라와 판이하므로 이에 관한 실제적인 사전지식이 필요하다.

미국생활의 특징이라면 줄서기와 예약제로서 어린 시절부터 불문율로 교육받는 사회규범 중에 속한다. 이것들은 수많은 사람이 원하고 있으나 일시에 해치울 수 없는 일을 처리하기 위해 서로가 요구하는 사회적 관습이다. 미국생활에서 찾을 수 있는 다른 특징은 서명이다. 문서에 서명하는 사실만으로 법적으로나 사회관습으로 효력을 발휘하게 된다. 곧 서명은 개인의 약속을 나타낸다.

일반적으로 말해서 미국의 가족제도는 핵가족이다. 가족은 상호 협조적인 관계를 바탕으로 부모와 자식 간에 민주적 관계가 형성되고 남편과 아내는 가정살림과 사회활동을 조화롭게 병행하도록 요청받는다. 미국인들의 생활은 가정을 기본단위로 하며, 지역사회를 중심으로 공동생활권이 이루어진다. 시민 생활에서는 교회와 사교모임을 통해 취미, 특기를 배우고 익힌다.

미국사람들의 지불수단은 주로 "각자 부담"(Dutch Treat)이다. 이 방법은 자신의 비용은 자신이 책임진다는 경제적 자율성과 독립심을 반영한다. 때로는 "돌아가며 지불하기"(Paying by Rounds)라는 관례를 따르는 때도 있는데 이는 차례로 경비를 부담하는 방식이다. 어느 쪽이든 한 사람이 전액을 부담하지 않는다는 점에서 민주주의적인 방식이라고 하겠다.

그 외에 미국생활에서 알아두어야 할 기본적인 사항에는 애완동물에 대한 관심, 페어플레이의 준수, 시간약속 등이 있다. 결국, 외국에서 문화 충격을 느끼지 않고 만족스러운 생활을 영위하려면 해당 문화와 생활양식에 얼마나 잘 적응하는가에 달렸다.

1 은행업무

미국에 도착해서 처음 해야 할 일은 은행계좌를 만드는 것이다. 현금을 많이 가지고 다니거나 숙소에 보관하는 것은 위험하다.

◇ 은행 선택

만약에 차가 없다면 교통이 편리한 곳을 선택하라. 은행은 대부분 시내에 본점이 있고, 다른 곳에는 지점이 있다. 은행을 선택하는 기준은 한국에서 송금을 받기 쉬운 국제부서(International Department)가 있는 큰 은행이나 한국계 은행이 좋으며, 학교나 거주지에서 가까이 ATM기계가 많은 은행이 편리하다.

◇ 계좌 개설

"신규 계좌"(New Account)라고 적혀 있는 곳으로 가라. 은행 직원이 계좌의 종류, 개설 비용과 서비스를 설명해주고 신규 계좌를 개설할 수 있게 도와줄 것이다. 그러나 미국에서 은행은 민간 사업체이며, 은행의 종류도 제각각이고, 업무에 따라 선택 범위가 넓다.

따라서 몇 곳의 은행을 둘러보고 나서 서비스가 가장 좋은 곳을 선택하는 것이 좋다.

◇ 당좌 예금 계좌

당좌 예금 계좌(Checking Account)는 돈을 안전하게 보관하고, 입출금이 쉽기 때문에 개설해두는 것이 좋다. 당좌 예금 계좌를 개설하는 이유는 수표를 현금으로 바꾸기 수월하고, 우편 청구도 가능하다는 점이다. 우편으로 현금을 보내서는 안 된다. 도착하지 않고 중간에 사라질 가능성이 크다. 수표책(checkbook)을 사용할 때는 모든 지출을 기록으로 남기고, 계좌에 충분한 잔고가 있는 지 확인하고, 필요한 만큼의 돈을 즉시 찾거나 입금하라.

◇ 개인 수표

미국에서는 일상생활에서 개인수표(a personal check)를 많이 쓴다. 개인 수표는 현금과 거의 동일하다. 이것은 은행에 직접 가서 입출금 업무를 보는 수고를 덜려는 것이다. 수표를 현금으로 교환하려면 신분증이 필요하다. 캠퍼스 안에 있는 은행 지점은 신분증 대신 학생증을 사용할 수 있다.

하지만 개인 수표로 물건 값을 내고자 할 때, 상인들은 대부분 신분증 제시를 요구하기 때문에 신분증으로 학생증보다는 운전면허증이 좋다. 운전을 할 줄 모른다 해도, 해당 주(州)의 교통과나 자동

Sample Personal Check

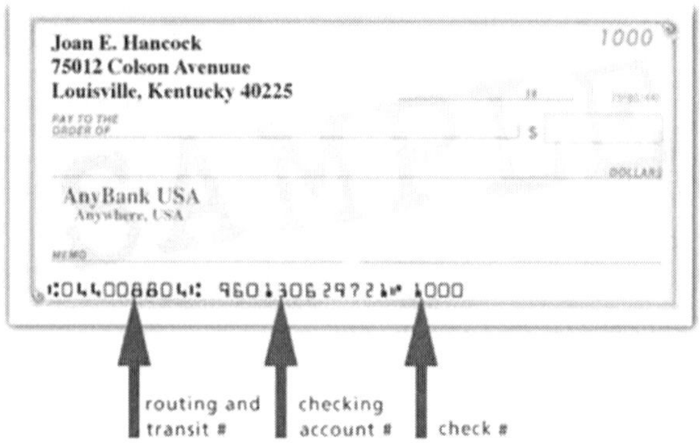

차부서를 찾아가면 신분증을 발급해준다. 개인 수표를 신청하면, 2주 후에 배달되며, 수수료는 $15 정도 이다. 개인 수표는 매수표마다 먹지가 붙어 있는 복면(Duplicate)을 이용하는 것이 좋다. 복면으로 된 개인수표는 사본기록을 남기기 때문에 쓸 때마다 일일이 기록할 필요가 없다.

◇ 양자 간 수표

다른 사람이 발행한 수표를 당신이 현금으로 바꾸려고 하는 경우를 양자 간 수표("two-party" checks)라고 한다. 이 경우 수표에 관련된 당사자는 두 명, 즉 수표를 발행한 사람과 받는 사람이다. 양자 간 수표를 현금으로 바꾸는 것은 조금 더 복잡하다. 상인이나 은행원에게 그 수표를 현금으로 바꾸는 것이 가능한지 문의해야 한다. 양자간 수표를 받아주지 않는 사업체가 대부분이며, 은행이라고 해서 양자간수표를 언제나 받아주는 것도 아니다.

양자간 수표를 예금하거나 현금으로 바꾸려면 먼저 수표에 싸인 혹은 배서를 한 후 수표에 적혀 있는 그대로 정확히 이름을 써서 직원에게 주어야 한다. 예를 들면 John이나 Joanne Smith라는 이름의 학생은 수표 뒷면에 "J. Smith"라고 쓸 수 있다. 그러나 은행에서는 성과 이름을 모두 정확하게 다 적어야 한다. 그렇지 않다면, 당신이 직접 수표를 발행했는지, 아니면 수표를 현금으로 바꿀 수 있는 당사자인지 확인할 수 없다.

수표 뒷면에 정확히 서명을 하고 현금으로 바꾸어야 한다. 수표의 뒷면에 정확히 배서된 다른 사람의 수표를 바꾸고자 한다면, 그 아래에 당신의 이름을 적고 현금으로 바꾸는 것은 어렵지 않다. 따라서 은행 창구 앞에서 바로 예금을 하거나 현금으로 바꾸는 경우가 아니라면, 미리 수표 뒷면에 서명을 써 두어서는 안 된다.

◇ 당좌대월

사전적 의미로서는 당좌대월(Overdrafts)은 예금자로부터 근저당을 하게 하여서 미리 당좌대월 계약을 체결하고 당해 한도 내에서 당좌예금잔액을 초과하여 발행된 수표에 대하여 지급한 경우의 채권을 말한다. 예를 들어, 내 계좌에 40달러가 있는데 50달러짜리 물건을 수표나 체크 카드로 지불한 경우와 같이 내 계좌에 있는 돈보다 많이(over) 사용했기(draft) 때문에 내는 수수료(Overdrafts)에 해당한다. 즉 예금보다 많은 돈을 찾고자 했다면, 각 수표 당 9달러에서 20달러 정도 이자를 물어야 하고, 상인이나 다른 사람에게 당신이 발행한 수표는 현금으로 바꿀 수 없다. 수표를 받은 사람은 지급 유예를 일으킨 당신에게 최소 5달러를 더 청구할 수 있다. 이렇게 되면, 수표 사용에 제한이 가해지거나, 혹은 더 이상 수표나 체크카드를 사용할 수 없게 된다. 그러므로 수표 사용 내용를 정확히 기록해두고, 부도 수표(bad checks)를 발행하는 일이 없어야 한다. 고의로 부도 수표를 발행하는 것은 불법이다.

◇ 월차 계산서 혹은 구좌 명세서

매월 은행은 계좌 현황을 우편으로 알려준다. 월차계산서는 기록을 남기고 해당 기간 지출 상황을 알려준다. 매번 알려주지는 않는다 해도 일반적으로 지급 취소된 수표 명세도 알려준다. 월차계산서(Monthly Statements) 혹은 구좌 명세서(Bank Statement)를 자세히 살펴보고 그 명세가 정확한지 확인하라. 정확하게 계산해보고 그리고 은행 계좌 서비스 요금, 이자 명세, 그리고 수표 발행 요금 등을 확인해야 한다. 은행이 실수했다면 즉시 은행에 연락해서 바로 잡아야 한다.

◇ 보통 예금 계좌

당신이 미국에 머물 동안에 필요한 충분한 돈을 가지고 갔다면, 보통 예금 계좌(savings account)를 개설하는 것이 좋다. (이자율이 있는 계좌라면) 보통예금은 당좌예금보다 이자율이 높다. 돈을 맡기고 당신의 생활비만큼 정기적으로 인출하면 된다. 현금으로 인출할 수도 있고 액수가 크다면 수표로 인출할 수도 있다. 같은 은행에 예금 계좌와 당좌 예금 계좌가 같이 있다면 은행에 전화해서 원하는 액수만큼 당좌 예금 계좌에 넣어달라고 해도 된다. 보통예금계좌의 이자율은 은행마다 다르다. 이자율을 정확히 비교해보고 계좌를 개설할지 결정하라.

◇ 현금 자동 인출기와 24시간 은행

몇몇 은행들은 24시간 내내 현금자동인출기(Automatic Tellers) 코너를 열어두고 있다. 24시간 현금자동인출기가 있는 은행을 이용하려면 해당 은행 현금 카드와 개인식별번호를 발급받아야 한다. 그러면 은행 업무시간 외에 현금카드로 자동화 기계를 이용할 수 있을 것이다. 현금입출금기에 사용 방법이나 안내 멘트가 나오므로 안내에 따라 적절한 버튼을 누르면 된다. 이 서비스는 입출금을 자유롭게 해주고, 계좌이체를 쉽게 해주고, 잔고 유지를 쉽게 해준다. 현금 자동 인출기로 출금할 때는 액수의 제한이 있다. 주로 하루에 100달러, 혹은 200달러 이상은 인출할 수 없다.

◇ 여행자 수표

여행자 수표(Traveller's Checks)는 미국이나 해외여행을 할 때 돈을 가져가는 안전한 방법이다. 소매치기를 당할 수도 있고, 실수로

잃어버릴 수도 있기 때문에 여행자 수표를 이용하는 것이 좋다. 미국에서 대부분 은행은 여행자 수표를 받아준다. 또한 은행은 약간의 수수료(주로 1%) 정도만 내면 여행자 수표를 발행해준다. 따라서 미국을 여행할 때에는 현금보다는 여행자 수표가 좋다.

◇ 자기 앞 수표

자기앞수표(Cashier's Checks)는 은행에서 당신을 위해서 발행하는 수표다. 은행에 현금을 주거나 계좌에 예치된 돈을 수표로 찾고자 하면 은행원이 은행 수표로 발행해 준다. 물론 약간의 수수료가 있다. 일반적으로 자기앞수표는 큰 액수의 돈을 지불하거나 가져가야할 경우에 쓰인다. 개인 수표보다 자기앞수표가 훨씬 현금화하기 쉽고, 안전하다.

◇ 신용카드

미국에서 신용카드(Credit Cards)를 사용하는 것은 대단히 일반화되어 있다. 한 달에 한 번씩 계산서가 우편으로 배달된다. 정해진 기한에 카드 대금이 인출되지 않으면, 체납 이자가 붙는다. 신용카드에는 사용자 정보, 수입 정도, 거주지, 현재 주소, 은행 정보 등이 포함되어 있다. 신용카드를 발급받으려면 최소 수입이 있어야 한다.

학생이 신용카드를 발급받기는 어렵다. 은행을 꾸준히 이용하고, 신용등급을 높이면 학생이라도 카드를 발급받을 수가 있다. 신용카드가 없으면 일상생활이 불편할 수 있다. 예를 들어 여행을 가서 당장 현금이 필요한 경우, 신용카드가 있으면 현금서비스를 받을 수 있기 때문이다.

당신이 지불할 수 없을 정도의 많은 액수를 신용카드로 계산해서는 안 된다. 또 자동차와 같이 큰 비용이 드는 장비를 구입할 때는 신용카드를 이용해서 계산할 수도 있다. 이 경우에 이자율을 정확히 알아보는 것이 좋다. 때때로 할부 이자율이 원금의 21%를 넘어가는 일도 있다.

신용카드는 일종의 빚이다. 신용카드보다는 현금이나 개인 수표로 계산하는 것이 더 좋을 수도 있다. 이 경우도 지출 내역을 정확히 기록해두어야 한다. 식비, 의료비, 교통비, 유흥비 등으로 항목을 나누어서 기록해놓는다면 당신이 신용카드를 사용하든 사용하지 않든 큰 문제가 되지 않을 것이다.

2 통신수단

◇ 전화

학생 대부분은 개인 전화를 선호하고 개별 전화를 갖는 것은 가능하다. 대부분의 기숙사는 기숙사마다, 복도마다, 층마다 전화가 있기 때문에 학생들이 공유해서 사용할 수 있다. 몇몇 학생들은 개인 전화를 선호한다. 방에 전화가 없다면 전화를 개설하는 것도 가능하다. 이 경우 전화비도 개인 부담이다. 캠퍼스 밖에서 생활한다면 당연히 전화가 있어야 한다. 단지 편리함 때문이 아니라, 안전을 위해서도 전화는 필요하다.

전화를 개설하기로 했다면 절차를 문의해보아야 한다. 전화 설치에도 여러 가지 종류가 있다. 잘 모르겠다면 기숙사에 있는 다른 친구들이나 기숙사 담당 직원 혹은 외국인 지원 센터에 가서 물어보는 것이 좋다.

전화비는 기본료와 추가 요금과 장거리 요금 등이 합산해서 매달 청구된다. 그러나 미국 전화비는 지역마다 다르다.

모든 전화 사용자는 전화번호부를 한 부씩 받을 수 있다. 해마다 전화번호부는 갱신되고, 공중전화부스에도 전화번호부가 비치되어 있다. 전화번호부는 주로 두 부분, 즉 흰 종이로 된 부분과 노란 종이로 된 부분으로 나뉜다. 대도시의 경우는 푸른 종이가 추가된 때도 있다. 푸른 종이로 된 부분은 주로 주(州) 정부나 연방 정부 등 정부 기관 목록이 포함된다.

흰 페이지가 전화번호부의 앞쪽 부분에 위치한다. 주로 알파벳순으로 전화가입자(개인과 사업자)의 이름이 나열되어 있다. 노란색 부분이 전화번호부의 뒤쪽에 위치한다. 주로 사업자, 회사, 기관, 서비스 등이며 알파벳순으로 배열된다. 옐로 페이지에는 색인도 제공된다. 색인에는 항목별로 회사 이름이나 기관이름이 나열되어 있다. 전화번호부의 옐로 페이지에 익숙해지면 대단히 유용하다.

미국의 전화번호는 일곱 자리로 이루어져 있다. 지역 번호가 첫 세 자리를 차지하고, 나머지 네 자리가 개인번호다. 지역번호는 장거리 전화의 경우에만 사용된다. 중요한 것은 유용한 전화번호를 알아두는 것이다. 응급전화번호는 주로 전화번호부의 첫 페이지에 나와있다. 구급차는 911을 누르면 된다.

장거리 전화의 종류는 다음과 같다.

- **직접 통화(Direct Dial Call)**: 이것은 교환원 없이 직접 전화를 거는 것으로 장거리 전화 중 가장 싸다.
- **지명통화(Person-to-Person Call)**: 이는 교환원의 도움으로 원하는 상대방에게 전화하고, 통화하고자 하는 상대방이 자리에 없거나 받을 수 없을 때는 통화를 취소하고 요금은 지급하지 않는다. 이 전화는 요금이 더 비싸지만, 상대가 자리를 비우는 시간이 많다면 유용한 전화다.
- **수신자부담전화(Collect Call)**: 수신자부담전화는 교환원의 도움으로 수신자가 요금을 지불하는 형식이다. 교환원이 전화해서 수신자 부담을 요청하고, 승인하면 통화가 연결된다.
- **"800" 무료 통화**: 800으로 시작하는 전화는 무료다. 사업자가 고객에게 제공하는 무료통화 서비스라고 보면 된다.
- **전화가 잘못 걸렸거나 연결이 안될 때 요금**: 전화가 잘못 걸렸거나 연결이 안될 때는 즉시 전화기를 내리고 다이얼 0번을 눌러라. 그리고 상황을 설명하면 교환원이 적절한 조처를 취해줄 것이다.
- **장거리전화요금**: 장거리 전화요금은 거리에 따라 전화를 거는 시간대에 따라 통화 시간에 따라 다르다. 어떤 전화회사를 이용하는가에 따라서도 차이가 난다. 가장 싼 전화 형태나 가장 싼 시간대 등을 이용하라. 주로 주말이나 휴일, 한밤중의 전화요금이 싸다. 그러나 요금은 지역마다 다르다.

국제전화를 하는 것은 가능하다. 국제전화의 경우도 직접 통화(direct-dialing)이 가장 싸다. 교환원의 도움을 받으면 가격이 비싸진다. 수신자 부담 전화나 교환원의 도움이 필요하면 다이얼 "O"를 누르면 된다.

◇ 공중 전화

미국에서 공중전화(Public or "Pay" Phones)는 많고 곳곳에 비치되어 있다. 전화하는 방법은 공중전화기 위에 부착되어 있다. 장거리 전화를 공중전화에서 직접 통화로 하기를 원하는 경우는 충분한 동전이 있는 지 확인해야 한다. 동전을 넣고 전화하는 공중전화기가 가장 많기 때문이다.

◇ 전화번호 안내 서비스

전화번호를 알고 싶다면, 전화번호 안내 센터(Directory Assistance)로 전화를 하라. 안내센터의 전화번호는 전화번호부 첫 페이지에 나와 있다. 등록되지 않은 전화번호는 안내받을 수 없다. 대부분 전화회사는 고객에게 매달 무료 전화 안내 서비스를 얼마간 제공한다. 무료 횟수를 초과했을 때 전화번호 안내는 유료이며, 수수료는 대부분 50센터씩이다.

3 우편 서비스

◇ 우편 주소

주소를 정확하게 아는 것은 중요하다. 특히 우편번호(Zip Code)를 정확히 적어야 한다. 우편번호는 대부분 지역을 식별하는 다섯 자리 숫자로 이루어져 있지만, 몇몇 회사나 기관들은 아홉 자리의 우편번호를 사용하는 몇몇 회사나 기관들은 있다.

◇ 우편사서함

일반 우체국들은 개인 우편물을 받을 수 있는 사서함(Post Box)을 운영한다. 사서함 이용 수수료는 도시는 6개월에 10달러 정도 소요되고, 정기적 배달서비스가 없다면 6개월에 2.50불 정도 소요된다. 우편사서함을 이용하려면 당신의 주소가 적힌 신분증을 가지고 우체국을 방문한다. 당장 이용 가능한 사서함이 없다면 이름을 대기 명단에 올리면 된다. 사서함을 배정받으면, 사서함 열쇠를 받을 수 있고, 모든 우편물은 사서함으로 배달될 것이다. 사서함이 비치된 우체국 로비는 보통 24시간 개방되어 있다. 당신이 학생이라면, 학교에서 무료로 우편사서함을 발급받을 수 있다. 사서함 비용은 수업료에 포함된다.

◇ 우체국

모든 도시에는 우체국 본점이 있다. 대도시에는 본점 역할을 하는 우체국 지점이 2개 이상인 경우도 있으며, 관할 지역이 작은 경우에는 최소 단위의 우체국 분점을 운영하는 예도 있다. 분점은 약국이나 큰 사업체 건물 등에도 있다. 많은 대학도 캠퍼스 내에 작은 우체국이나 우체국 분점을 운영한다. 그곳에서는 우표도 팔고, 국내뿐만 아니라 국제 소포, 우편 서비스를 담당한다. 외국에서 미국의 우체국 분점으로 우편이나 소포를 보낼 수는 없다. 정규 우체국 업무 시간은 주중 오전 8:30에서 오후 5:00까지이다. 토요일에는 오전 8:30에서 정오인 12:00시까지 운영한다.

4 비즈니스 업무

◇ 업무시간

미국의 업무시간은 주중에는 9:30이나 10:00에 시작하여 오후 5:00에서 6:00 사이에 문을 닫는다. 대형가게나 쇼핑몰인 경우는 저녁 9:00까지 문을 여는 때도 있고, 일요일 오후에도 근무하는 예도 있다. 시청과 같은 공직은 오전 9:00에서 저녁 5:00까지 일하고 주말은 쉰다. 은행은 월요일에서 금요일까지 주로 오전 10:00에서 오후 3:00까지가 업무시간이다. 금요일에 오후 6:00까지 문을 여는 은행이 많다. 은행은 토요일에도 오전 9:00에서 정오 12시까지 문을 연다.

◇ 공휴일

미국 연방의 공휴일은 10개가 있다. 미국 연방에서 정한 공휴일은 설날, 독립기념일, 노동절, 추수감사절과 크리스마스 휴일뿐이다. 남은 공휴일들은 주에 따라 다르고, 날짜가 다를 수 있다. 몇 개의 주들은 공휴일이 좀 더 많을 수 있다. 모든 법정 휴일에는 은행과 학교, 우체국 등은 쉰다. 다음은 법정 공휴일이다.

신정(New Year's Day): 1월 1일. : January 1

마틴 루터 킹의 생일(Martin Luther King's Birthday): 1월 셋째 월요일.

New Year's Eve

대통령의 날(Presidents' Day): 2월 셋째 월요일.
전몰 장병 기념일(Memorial Day): 5월 마지막 월요일.
독립기념일(Independence Day): 7월 4일
노동절(Labor Day): 9월 첫 번째 월요일
콜럼버스 기념일(Columbus Day): 10월 2번째 월요일
재향 군인의 날(Veteran's Day): 11월 11일
추수감사절(Thanksgiving Day): 11월 4번째 목요일
크리스마스: 12월 25일

◇ 신분증

미국은 영토도 넓고 복잡하며 유동인구도 많아서 적절한 신분증(Personal Identification)이 반드시 필요하다. 신분증은 개인 수표나 신용카드로 지불할 때와 극장이나 술집과 같이 나이제한이 있는 시설에 입장할 때도 필요하다. 미국에서 주로 신분증 역할을 하는 것은 운전면허증이며 학생 신분증은 학번과 사진, 이름이 기재되어 있다. 그러나 여권은 주소나 연락처 등을 명기하지 않기 때문에 신분증으로 받아주지 않을 때도 있다. 따라서 미국에 도착하는 즉시 신분증부터 발급받는 것이 좋다.

5 팁 문화

팁 문화는 다양하다. 주로 광역시에서는 팁을 많이 낸다. 큰 도시 지역이 아니더라도, 시설이 좋은 레스토랑이나, 특별히 서비스가 좋을 때 팁을 좀 더 후하게 지불할 수 있다. 대부분 팁은 15% 정도 내지만, 양질의 서비스가 제공되는 질 좋은 레스토랑이라면 20% 정도 지불할 수 있다.

◇ 레스토랑

팁은 계산서에 포함되지 않는다. 여섯 명 이상 단체손님인 경우 서비스 비용을 추가로 받는 레스토랑도 있다. 레스토랑을 나가기 전에 당신을 서비스한 웨이터를 위해 테이블 위에 팁을 놓고 나가야 한다. 신용카드로 계산한다면, 계산서에 음식값과 팁을 추가할 수 있다. 그 액수만큼 웨이터에게 레스토랑이 현금으로 준다. 당신의 좌석이 레스토랑 카운터라면, 팁을 작게 줘도 무방하다. 25센트짜리 동전 한두 개를 접시에 놓고 나가면 된다. 셀프 레스토랑이나 패스트 푸드점에선 팁을 내지 않는다.

◇ 택시

택시기사에게는 전체 요금의 10~15%의 팁을 주면 된다.

◇ 기타 서비스들

공항과 호텔의 포터에게는 가방 하나당 50센트 정도 팁을 주면 되고, 이발사와 미용사에게는 전체 요금의 10~15%, 혹은 대리 주차 서비스(valet parking)를 이용한다면 1~2달러의 팁을 주는 것이 좋다.

◇ 공무원, 경찰, 기타

공무원, 경찰, 정부 고용인들에겐 절대 팁을 주면 안 된다. 공직에 근무하는 사람이 팁을 받는 것은 법에 위반된다. 호텔 안내 데스크 인력, 버스 운전사, 영화 안내원, 상점, 비행기 승무원, 그리고 주유소 수행원들 또한 팁을 받지 않는다.

6 미국의 교통

◇ 차량 매입

미국에서 차는 필수적이지만, 차를 사려고 너무 서두르지 않는 것이 좋다. 주변 지인들의 조언을 구하고 충분히 정보를 입수하고 나서 차를 사도 늦지 않다. 새 차를 사지 않고 중고차를 구입하려 한다면, 학교 게시판이나 신문을 찾아보거나 중고차 판매상을 찾으면 된다. 직접 거래하는 것이 조금 더 저렴하지만, 중고차 판매상에서 차를 사는 것을 선호하는 사람들도 많다. 중고차 판매상은 30일에서 90일까지 차량에 문제가 생길 시에 책임을 지겠다는 보증을 해주기 때문이다. 중고차를 살 때는 중고차의 종류와 출시일 등에 따른 공정가격이 적혀 있는 블루북(the Blue Book)을 참조하면 된다. 대부분 은행과 도서관에 비치되어 있다. 중고차를 산 뒤에는 '소유권 이전'(transfer of owner-ship) 서류나 '자동차 배기가스 증명서'(anti-smog certification) 등의 서류를 확인한다. 이것은 해당 주(州)의 교통과에서 요구하는 것이다.

중고차 판매상

◇ 운전 면허증

미국에서 운전면허증(Driver's License)은 중요하다. 어떤 주(州)에서는 국제운전면허증을 인정하지 않을 수도 있다. 미국에서 운전하고자 한다면 미국 교통과 자동차 부서에 가서 관련 서류와 정보, 법규 등을 문의한다. 국제면허증을 가지고 있어도 당신이 장기체류할 계획이라면 운전면허증을 미국에서 취득하는 것이 좋다. 운전면허증이 신분증을 대신하는 예도 있다.

◇ 자동차 보험

미국에서 자동차 보험(Automobile Insurance)은 의무다. 보험의 종류는 주(州)마다 다양하고 보험 혜택도 주마다 다르다. 운전자 보험에 가입하지 않았다면 차와 관련된 모든 사고에 대해 차량 소유주가 모두 보상해야 하며, 복잡한 법적 책임이 따르며 치러야 하는 대가도 값비싸다. 따라서 자동차 보험은 대단히 중요하고, 최소한 책임보험에라도 가입해야 한다.

◇ 보행자 우선 통행

대부분의 주(州)는 자동차, 오토바이, 자전거보다 보행자가 우선하며, 보행자에게 우선통행권(Pedestrian Right-of-Way)이 있다.

◇ 속도 제한 구간

고속도로나 일반도로에서 속도 제한이 없는 나라도 있다. 미국에는 속도 제한이 있다. 최대 속도를 나타내는 표지판은 시속 몇 마일 이상 운전해서는 안 된다고 정확히 적시한다. 속도 제한을 준수하라. 만약 과속을 하였을 때 속도위반 딱지를 발부받으면 상당히 많은 액수의 벌금을 내야 하고 보험료가 올라갈 것이다. 미국에서 고속도로 최고 속도는 시속 65마일(시속 105KM)이다.

◇ 음주 운전

어떤 경우에라도 알코올이 든 음료를 마셨을 때 운전하면 안된다 (DO NOT DRIVE IF YOU HAVE BEEN DRINKING ANY ALCOHOLIC BEVERAGES!)

음주운전을 하다가 과속이나 교통법규 위반, 교통사고를 내었을 때는 음주운전으로 적발되었을 때는 바로 교도소에 수감된다. 사망사고나 중상과 같은 법적 책임을 물어야 하는 중대 사고를 낸 경우에는 벌금, 금고 이상의 실형을 받을 수 있고, 운전면허취소가 취소된다.

◇ 주차 법률

다음은 주차할 때 조심해야 할 사항이다.

◆ **주차금지 지역**: "No parking" 표시나 빨간색과 노란색으로 페인트칠해놓은 연석은 주차금지 지역이다. 주차금지 지역에 주차하면 벌금을 물어야 한다. 차가 견인될 때 추가 벌금을 더 물어야 하고, 차량 보관료까지 지불해야하니 조심해야 한다.

◆ **주차요금**: 시내에나 차량이 많이 붐비는 지역에는 주차 미터(Parking meters)가 있다. 이 기계는 주차장 옆에 세워놓은 동전을 넣어서 작동하는 기계다. 주차 미터기 바로 옆에 주차하고 정해진

양만큼의 동전을 넣고 핸들을 돌리면 된다. 시간이 만료되기 전에 차를 이동시키거나, 추가 요금을 더 넣지 않으면 불법 주차로 벌금을 물 수 있다.

◆ **캠퍼스 내 주차:** 일반적으로 허가를 받지 않으면 캠퍼스 내에 주차할 수 없다. 차를 살 계획이 있다면 학교의 교통과에 문의 해서 규칙 등을 숙지하고, 필요한 경우 주차료를 내면 된다.

◇ 자동차 렌트

자동차를 빌릴 때는 규정이 있다. 자동차를 빌리기를 원한다면 전화를 하거나 렌터카 숍에 연락한다. 대부분의 렌터카 회사는 전화번호부의 옐로 페이지에 전화번호가 있다. 그곳에서 비용이나 절차 등의 정보를 물어보면 된다.

8 신변안전

불행하게도 미국에는 범죄가 잦다. 대학 캠퍼스와 주변 환경에 친숙해질 때까지 조심하는 것이 좋다. 예를 들면 슬럼가는 될 수 있으면 가지 않는 것이 좋다. 모든 대학에는 경찰이나 안전요원들이 상주하고 있다. 오리엔테이션 기간에 안전 교육을 받지 않았다면, 대학 내의 경비실(security office)을 찾아가서 필요한 정보를 요청하면 된다. 캠퍼스는 안전한지, 대학 주변은 안전한지 등 안전과 관련된 사항과 알고 싶은 것을 질문한다. 언제나 조심하고 경고를 지키고, 상식을 준수한다면 불행한 일을 사전에 막을 수 있다.

기본 안전 수칙:

- 밤에 혼자 다니기에 안전하지 않은 지역이 있다. 안전한 곳인지 확신이 서지 않는다면 반드시 친구와 동행하라.
- 기숙사나, 아파트에서 나갈 때나 자동차에서 내릴 때 모든 문이 잠겨있는지 확인하고, 절대 귀중품을 집안이나 차 안에 두지 말라. 문을 잠궜다고 현금이나 신용카드 등을 눈에 잘 띄는 곳에 두지 말라.
- 너무 많은 현금을 가지고 다니거나 비싼 귀금속을 하고 다니지 말라.
- 모르는 사람이 차를 태워주겠다고 제안해도 결코 받아들여서는 안 된다. 길에서 하치하이크하거나 낯선 사람이 차를 태워달라고 요청해도 이에 응해서는 안 된다.
- 지갑을 조심하라. 사람이 붐비는 대도시 지역에서는 소매치기가 많다. 카메라, 스테레오, 컴퓨터, 자전거 등 값비싸거나 시선을 끄는 개인 물품은 안전한 곳에 반드시 보관해야 한다.
- 강도에게 위협을 당한다면, 저항하지 마라. 잘못하면 생명이 위험할 수도 있다. 귀중품을 조용히 포기하고 빨리 그 자리를 벗어난다.. 강도의 인상이나 의상 등 특이사항을 잘 기억해두었다가 경찰에 신고하라.

◇ 교제와 참여

외국인 학생들은 조직활동에서 능동적이지 못하고 교실 이외의 다른 장소에서 자신의 의견을 피력하는 데 서툴다. 법이 있다고는 해도 법률이 모든 사람이 자신의 의사를 표현하거나 자유롭게 말하는 것을 막을 수는 없다. "의사 표현의 자유"는 미국 헌법의 기본권에 해당한다.

유학생 역시 미국 시민과 꼭 같은 "의사 표현의 자유"를 갖는다. 그러므로 의사 표현에 주저하지 말라. 미국에서 당신은 당신의 나라의 대표자로서 당신의 관점에 귀를 기울이고 당신의 의견을 듣기를 원한다. 따라서 적극적으로 자신의 의견을 말하라.

그리고 다른 사람들이 언제나 당신의 의견에 동의하기를 기대하지는 말라. 미국에서 토론은 편드는 것이 아니다. 대부분은 서로 다른 의견을 주고받는 것을 즐기고, 교육과정에서 지적 논쟁은 중요한 부분을 차지한다. 조심해야 할 사항은 하나 있다. 외국인이 당신의 민족과 문화를 비판하면 당신이 불쾌할 수 있다. 대부분의 미국인도 마찬가지다.

미국에 관해서 이야기할 때는 상식적인 선을 지키는 것이 좋다. 다른 사람이 어떻게 상호작용하는지 먼저 경청하라. 그러면 당신은 어느 정도가 수용할 수 있는 수준인지를 느끼게 될 것이다.

캠퍼스 대부분에서 학생들의 모임이 조직되어 있고 그 수도 많다. 여기에 참여하면 많은 정보를 공유할 수도 있고, 당신이 누구인지도 알릴 수도 있다. 조직활동을 통해 자연스럽게 미국인이 당신의 나라에 대해 가지는 편견도 교정할 수도 있다.

학생들의 모임에 참여하든지, 토론에 참여하든지, 어느 쪽이든 "의사 표현"의 권리를 충분히 활용하라.

9 가족 관련 정보

만약 가족과 함께 미국에서 생활한다면 고려해야 할 점들이 많다. 외국인 지원 센터에 연락하여서 가족이 함께 간다는 것을 알리고, 동반 가족의 수와 아이들의 나이 등 관련 정보를 제공해야 한다.

◇ 주거 문제

몇몇 대학은 결혼한 학생들을 위한 숙소 제공에 한계가 있는 경우가 있다. 자녀가 있다면 대학 기숙사가 아니라 아파트나 주택을 임대해야 한다.

◇ 자녀의 학교 문제

미국의 모든 주(州)에서는 교육은 의무다. 모든 주(州)는 6세에서 16세까지의 아동은 반드시 고등학교까지의 학교 교육을 의무적으로 받아야 한다. 대부분의 학교는 5세 아동을 위하여 유치원을 운영하고 있다. 공립학교는 무료이며, 사립학교는 수업료를 받는다. 기숙학교는 수업료와 기숙사비를 동시에 받는다. 자녀를 공립학교에 보내고자 한다면 그 지역의 교육 당국에 문의해보아야 한다.

◇ 아동 보육

취학전 아동은 전일제 보육과 반 일제 교육 중 하나를 선택할 수 있다. 그 외에도 다음과 같은 시설 등을 이용할 수 있다.

- **아기 보모(Babysitters)**: 많은 여성은 10대 소녀를 베이비시터로 고용할 수 있다. 때로는 베이비시터가 가족과 함께 거주하면서 아기를 돌볼 수도 있고, 때로는 부모가 아기를 베이비시터의 집으로 데려다 줄 수도 있다. 가격대는 다양하다.

- **유아원(Day Care Centers)**: 유아원은 공립인 경우도 있고, 교회에서 운영하는 예도 있고, 사설인 경우도 있다. 어떤 유아원은 부모가 일주일에 반나절 정도 아이 보육을 돌아가면서 맡도록 하는 일도 있다.

- **어린이집(Nursery Schools or "Pre-Schools")**: 어린이집은 3세에서 5세 아동을 위한 곳이다. 대부분은 일주일에 2일, 3일 혹은 5일 정도 수업을 한다. 오전반과 오후반이 있고, 둘 중 하나를 선택해서 보낼 수 있다. 이곳은 미국 교육의 첫 번째 공식단계인 유치원(kindergarten)에 들어가기 전 단계로서 놀이활동 이외의 준비학습을 할 수 있다.

◇ 가족을 위한 의료 시설

가족들은 개인 의원에서 진료를 받을 수도 있고 마을에서 운영하는 의료센터를 이용할 수 있다. 가족이 아플 때를 대비하여 미국에 도착하자마자 근처 의원을 알아두는 것이 좋다.

◇ 주치의

주치의(Family Doctors)나 일반 개업의(general practitioners)는 가족 모두에게 의료서비스를 제공하는 의사이다. 그들은 임산부가 아이를 낳는 것을 돕기도 한다. 많은 의사는 가족의 일반적인 질병에 대해 잘 알고 있고, 가정의학 전문의이다. 예를 들면, 산과 의사는 임산부와 태아, 그리고 출산을 담당하는 전문의이며, 종종 부인과 진료를 같이한다. 소아과 의사는 아기와 어린이의 질병과 건강을 담당하는 전문의이다. 환자의 증상이 심각할 때 주치의는 환자를 전문의의 전문적 진료를 받을 수 있도록 안내한다.

가입된 건강보험이 어떤 질병에 혜택을 줄 수 있는 지 미리 확인해두는 것도 필요하다. 건강보험은 종류에 따라 다르지만 어떤 질병은 건강보험의 혜택을 받을 수 없다. 병원 예약을 할 때 진료비가 얼마인지 물어보는 것도 가능하다.

저자 약력

대표저자: 박양근

1989년 대구가톨릭대학에서 영문학 박사학위를 받고 1981년 이후 부경대학교 영어영문학과 교수로 재직하면서 미국 위스콘신대, 펜실베니아대 오레곤대, 영국 리버풀대, 호주의 남호주대학에서 객원교수를 지냈다. 미국소설을 전공하면서 『미국과 미국인』(2000), 『21세기영미문학개론』(2001), 『현대영미산문의 이해』(2001), 『19세기 미국소설의이해』(2004), 『미국수필 200년』(2005), 영문판『Understanding Children' English Literature as ESL』(2007), 『현대영문학개론』(2007), 『사이버리즘과 수필미학』(2010), 『나다니엘 호손』(2011), 『현대산문학』(2012) 외에 공저 『나다니엘호손의 주홍글자연구』(2000) 『허먼멜빌』(2008)을 발간하였다. 새한영어영문학회장을 역임하였으며 에세이스트, 문학평론가로 활동하고 영남수필학회 회장으로 있다.

공동저자: 정혜욱

1997년 부산대학교 영어영문학과에서 박사학위를 받았고, 부산대학교 연구교수, 부경대학교 연구교수를 거쳐 현재는 부경대학교에서 미국문화를 가르치고 있다. 단독저서로 『번역과 문화연구: 합일을 거부하는 반복』(2010), 단독 역서로 『번역과 제국: 포스트식민주의 이론 해설』(2002), 『인터넷 상에서』(2003)이 있으며, 공동역서로 『탈식민페미니즘과 탈식민페미니스트들』 (2001, 현대미학사)이 있다. 그 외 공동저서로는 『세계문학 속의 여성』(2011) 등 6권이 있고, 최근 논문으로는 「지젝의 외상과 바틀비의 정치학」(2012, 『비평과 이론』) 외 다수가 있다.